精益制造003

不良品
防止対策

図解でわかる生産の実務
品質不良の防止対策

[日] 筱田修 著　徐莹 译

東 方 出 版 社

目录

004

前言

　　20多年来，以研修和咨询为目的，我参观了230多家制造业中不同行业的企业。　给我的整体感觉是：大多数企业把精力主要用在了消化业务和提高业绩上，但是在提高产品质量、提升职场竞争力方面下的工夫还有所不足。　日本的制造业需要每个职员鼓足干劲，认真努力地提升技术水平，为此必须有良好的管理制度，监控提升产品质量。

　　通过常年的经验积累，我在"防止不良品对策"方面也获得了一些心得和方法，在此我非常愿意同大家一起分享。　此外，为了对日本制造业的现场强化和品质打造中的主角"人员培养"作出贡献，我将所有的诀窍归纳到了这本书中。

本书最想强调的观点是"以人为本"。生产现场制造出质量不良的产品、被要求索赔，都源于人的因素，也就是说"生产3M"[机器（Machine）、原料（Material）、方法（Method）]全都是"1M"[人（Man）]的结果。制造机器、操作机器的是人；生产原料、使用原料的是人；决定生产方法的是人；落实决议的也是人。想做好管理就必须正视这种现象。这正是道出了"企业在人"和"品质在人"的道理。

本书中阐述的观点和方法都是我从现场实践中得出，且被实践验证过的。我相信这些来自生产现场的第一手信息必能得到每日辛勤工作在生产第一线的人员的共识，也相信他们能接受我的观点。第3章中所介绍的"防止现场事故再发的技巧和心得"是我经过30多年的现场实践，研究创造出来的，也是在我现场指导各企业、多次修改教材的基础上创作而成的，我自信这是日本最新的技术。第4章为大家介绍我从现场指导的各种困惑中总结出来的技能提升法。虽然前面说到需要从形式上的理解上升到实践中的理解，可具体应该怎么施行呢？如果没有施行方法的话，只能是不断重复错误而已。希望大家能够在我介绍的内容基础上，根据自身工作情况加以进化，最终上升为适合自己公司的技能。第6章中所提到的"防止不良品产生的技巧"也是一样。其中我分析了防止不良品再次产生的对策，希望今后能够被使用于各个生产现场，这也是我自己首创的对策。我希望大家能掌握这些技能，从单纯形式上的理解上升到真正实践中的理解（技能融入血液，自然而然地掌握），如此一来，制造业才能强盛。

在质量管理中，有局限于当时制造现场的倾向。 比如提高产品质量的"QC技能"和组织方面的"目标质量"无法衔接就是一个例子，另外对于不良品的"防止再发"和"防止产生"这两个概念有时也会混淆不清。也就是说在质量管理中，容易犯"只见树木不见森林"的错误，不是从整体出发，而是每个人独立的方法，这样一来，方法的作用就得不到充分的发挥。 为此本书把所有章节的方法都串联起来达到融会贯通的目的。 所以如果读者能把本书通读一遍，并且加以实践，效果肯定会跟以往大不相同。

另外，本书的"终极目标"是实现实绩和实力（成果与成长）的双重效果。 我现在深感工作与自身的重合性，迫切意识到"工作即成长"这一管理理念的必要性。 作为领导，其重要使命就是让员工意识到大家在仅此一次的生命中有缘相逢，应该彼此珍惜、互相支持。如果本书能够成为大家重新审视工作的契机，将是我的荣幸。

本书在编写过程中，有幸得到众多企业的指点和支持，在此表示深深谢意。

003

此外，日本能率协会管理中心的齐藤亮介先生的鼓励给予我极大的勇气，在这里表示感谢。 还有以索尼 human capital 株式会社黑宫庆子为首的各位也给予我极大的支持，在此一并致谢。

最后提一件私事，2006 年 8 月 11 日，在本书写作过程中，我的母亲去世。 因忙于工作和写作，我没能抽出时间去看望，深感后悔。 为此我决定把悔意融入本书中，作为催我前进的动力。 我相信母亲也是支持我的，因为在梦中我听到了她的鼓励和期待。

筱田修

2007 年 1 月

004

第 1 章
质量不良对策的基本知识

1-1　什么是产品质量不良

① 质量不良分为两种

　　研修时我曾经问起"质量不良指的是什么样的产品"，大部分人一时回答不上来。 一阵沉默后，大家才七嘴八舌地说"对顾客来说没用的东西"、"不能用的东西"等等。 我接着问："那么以什么来判断有用没用呢?"有人能够立刻说出来，也有人答不上来。

　　在工作中，每天都能听到"注意防止不良品产生"的提醒。 可是如果大家对"不良"这个关键词的理解不一致，质量管理的标准也会因此大相径庭，产品质量也当然无法期待了。

那么质量不良到底是什么呢？ 一句话，它包括两种，"规格内不良"和"规格外不良"。 毋庸赘言，超过规格规定范围的不良产品就是"规格外不良"。 而生产时，无法避免与规格的偏差，或者规格自身受到消费者投诉，即规格自身有问题，这种情况叫做"规格内不良"。

在"什么是产品质量不良"的认识上达到统一，是提高产品质量的第一步。

② 规格外不良

规格外不良就是我们通常所说的不良。 比如，在表1-1 的第一行"托架加工"中，规格标准是"10 毫米"，而实测值却有 10.5 毫米，偏离了规格 0.5 毫米，这就是规格外不良。

③ 规格内不良

规格内不良是指规格自身不标准。 以表 1-1 中"齿轮加工"为例，虽然规格为 20 毫米，可实测值为 20.5 毫米的齿轮对产品功能也丝毫没有影响，由此判断是规格出了问题。 这种情况叫做规格内不良。

表1-1　规格外、规格内不良品的说明

作业名称	规格	实测值	不良区分（规格外）	不良区分（规格内）
托架加工	10mm	10.5mm	0.5mm	
齿轮加工	20mm	20.5mm		20mm

偏离规格0.5毫米

20毫米的规格本身就不标准

表1-2　规格外、规格内不良区分表（根据不良内容区分）

不良内容	规格	实测值	不良区分（规格外）	不良区分（规格内）
紧固螺钉	扭矩3kg	2kg	−1kg	
加工尺寸	10mm	9.8mm	−0.1mm	
管道间隙	0.5mm	0.6kg		0.5mm
框架裂痕	0.2mm	0.3mm		0.2mm

实测值偏离标准规格产生的不良

规格本身不标准

表1-3　规格外、规格内不良区分表（根据作业标准区分）

NO.	不良内容	规格	测定值	不良的区分和说明
1	齿轮润滑油涂装	整面	涂层起褶皱	规格内（整面过剩）
2	盖子安装	0.5mm	0.7mm	规格外
3	轴承镶嵌	无浮起	浮起1mm	规格外
4	开关安装	3kg	2.5kg	规格内（2.5kg也可以）

1-2 质量不良与操作错误的不同

① 区分质量不良与操作错误

人们常说：不能保证 0 错误率，但可以保证 0 不良率。 这里说的错误（生产错误），是指由"生产者本人发现"的规格外错误。 由于在操作中或操作后错误被发现后可以当场修正，因此不会在之后的质检阶段中产生规格外不良现象。

以紧固螺钉工作中发生的不良现象为例，我们把安装螺钉称为第 1 阶段工程，小 A 在完成第 1 阶段工程后，检查确认时，发现了错误，这时的错误叫做"生产错误"。 而如果没有进行确认工作，直接交付质检阶段，在这个阶段发现的错误就会被看做"质量不良"。

② 避免重复性生产错误

在第①节紧固螺钉的案例中，我们得知如果在第 1 阶段工程发现错误的话，就能及时修正，并且方便我们采取对策，防止错误的重复发生。 当然，在质检阶段发现错误，也能重新回到第 1 阶段工程，调查、究明错误原因，提出对策。

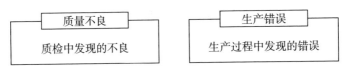

图1-1 质量不良和操作错误的区别

● 紧固螺钉（第1阶段工程）时产生不良

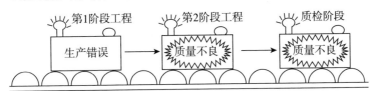

● 贴标签（第2阶段工程）时产生不良

图1-2 因阶段而异的"质量不良"和"生产错误"

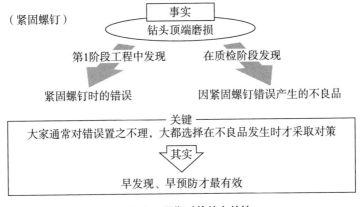

图1-3 早期对策的有效性

可当不良品已经产生后再采取对策，已经为时过晚。比如说，不良品的产生起因于"钻头磨损"，而在第1阶段工程如果没有立即采取措施、更换新的钻头的话，就有可能生产出更多不良品。因此，尽量在前一阶段检查出错误、提出对策，防患于未然。

对负责人来说，对"生产错误"和"质量不良"的区分管理极为重要。"生产始于确认，终于确认"这句话对发现生产错误是一个永恒不变的法则。

1-3　如何达到质量标准

① 管理资料——达成对不良定义的统一认识

为了达到规定的质量标准，全体工作人员必须正确认识产品的质量状况。为此需要记录不良率、发生次数、投诉率等，归纳成数据、做成管理资料，方便我们探究不良品的产生原因。

一般我们使用图或表的形式，按照日、月、批量、产品等类别分类，使用时根据不同需求进行选择。比如批量生产时，可以以日为单位，记录不良品的实际件数，每天早晨反馈给员工。另外还可以以周、月为单位进行，分析数据，回馈信息。总之，我们需要多角度实施各种防止不良品重复出现的对策，快速实现规定的品质目标。

② 为达到质量标准管理的计算公式和条件设定

设定品质标准是防止不良品产生的前提。 为了达到对质量标准的统一认识，需要设定客观、具体的计算公式和条件，明确什么样的产品才是不良品。

质量标准（许可规定范围内的不良率）的计算公式为：

$$不良率 = \frac{不良品数}{生产总数} \times 100\%$$

此时的不良品可定义为：质检阶段发现、并记录在《检查日报》中的不良品。

虽然在顾客投诉方面，没有一个具体的标准计算公式。 不过如果把不良品统一定义为"被记录在《投诉快报》中的产品"，就可以避免各个部门间评价不一致的现象。

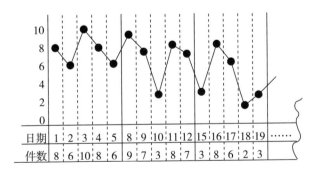

图1-4　每日不良品件数变化图（例）

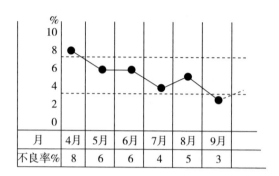

图1-5　每月不良品件数变化图（例）

表1-4　质量标准的计算公式和条件设定

质量标准	质量标准的计算公式	条件
生产阶段 不良率	$\dfrac{生产阶段出现的不良产品数}{生产阶段的产品总数} \times 100\%$	被记录在不良产品 日报中的产品
不良件数	件数/日	被记录在《检查日报》中的产品
投诉率	$\dfrac{投诉件数}{销售总数} \times 100\%$	被记录在《投诉日报》中的产品

1-4　质量不良的三种性质及其对策

① 质量不良的三种性质

质量不良从其性质上可分为三类。 第一种：日常性质量不良。 这是日常生产中产生的质量不良现象。 比如：我们说"4月8日螺钉紧固不良"，就属于普通质量不良范围。 第二种：规律性质量不良。 这是在分析、把握一定期间数据记录的基础上，总结出的质量不良的规律性。 比如：我们说"上月锡焊不良品较多"、"通过分析前期不良品数据，发现大多数不良品源自于加工不良"，这种就是规律性不良。 第三种严格说来不能算不良，应该称之为"质量不良的课题"，这是为了减少不良品而设定的课题。 一般在职务分工的基础上，选定需要改进的任务作为课题，对其设立改进计划。 比如，制造领域内虽有"定期分析数据"这一规定，可这一规定尚不成体系，有待加强。 这时"强化数据分析力"就成为必要的课题。

② 相应对策

为什么要对质量不良进行分类？ 这是因为不同类别的不良品有各自不同的解决方法。"日常性质量不良"需要使用"探究原因"型对策；"规律性质量不良"需要使用"问题化"型对策，以方便把握其规律性；而面对"质量不良的课题"则需要采取"职责强化"型对策。

表 1-7 中有各个对策的详细步骤。 如果生产现场的每个人都能通力协作，学习各种对策，严格按照步骤生产，确保产品质量，就能构筑起强大的生产线。

表1-5　质量不良分类表（例）

不良类型	内容（例）
日常性质量不良	04-08 螺钉紧固不良
	04-09 贴错标签
规律性质量不良	上月锡焊不良品多
	分析前期不良产品数据，发现大多数不良产品较多源自于加工不良
质量不良的课题	强化数据分析力
	强化操作指导力

表1-6　各种质量不良类型的对策

不良类型	对策	对策要领
日常性质量不良	探究原因	探究各个不良品产生的原因并寻找新对策
规律性质量不良	问题化	分析数据，针对不良率高的产品制定重点对策
质量不良的课题	职责强化	采取加大职责贯彻力度的挑战性对策

表1-7　具体对策步骤

对策	第1步	第2步	第3步	第4步	第5步	第6步
探究原因型（日常性质量不良）	选择不良产品	把握重大事实	探究原因	制定对策	实施对策	确认并及时制止不良品产生
问题化型（规律性质量不良）	选择不良产品	总结问题点	探究原因	制定对策	实施对策	确认并及时制止不良品产生
职责强化型（质量不良的课题）	选择不良产品	收集信息	明确职责	提出新方法	实施新方法	确认并及时制止不良品产生

1-5 减少不良品产生的三方攻略

　　根据性质，质量不良分为三种类型：①日常性质量不良（探究原因型）；②规律性质量不良（问题化型）；③质量不良的课题（职责强化型）。 接下来，我会为大家详细讲解这些内容，希望大家能够理解这些对策，并活用到各个生产现场中，提高产品质量。

① 探究原因型

　　这是为了防止产生日常不良品而采取的对策。 每当不良品产生时，相关人员都需要把握情况、采取对策。在达到质量标准目标方面，这是不可或缺的一步，需要有关人员不断学习累积，以达到满意的效果。

② 问题化型

　　在生产制造环境发生变化，比如制造新产品或变更制造方式时，容易产生不良品。 另外生产过程与计划有偏差时也容易产生不良品。 这时就需要分析数据、选定重点对象、迅速解决问题。

③ 职责强化型

　　产品质量难以达标时，需要强化管理基础。 俗话说："有工作的地方就有课题需要强化。"可以说强化课题是个巨大的工程。 只有强化人的技能，才能期待得到相应的成果。

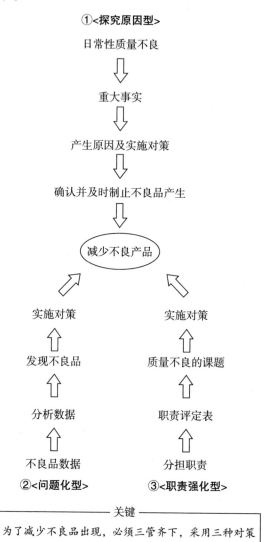

①<探究原因型>

日常性质量不良

⬇

重大事实

⬇

产生原因及实施对策

⬇

确认并及时制止不良品产生

⬇

减少不良产品

实施对策 ⬆   实施对策 ⬆

发现不良品 ⬆   质量不良的课题 ⬆

分析数据 ⬆   职责评定表 ⬆

不良品数据   分担职责

②<问题化型>   ③<职责强化型>

—— 关键 ——
为了减少不良品出现，必须三管齐下，采用三种对策

图1-6　三方攻略关系图

以上论述的是根据质量不良的三种类型，活用三种各具特征的方法降低不良率。 如果能切实推进三方攻略的话，肯定能提升产品的质量水平。

1-6 日常性不良品的对策

① 日常性质量不良的"2W2H"

如果用"2W2H"来表示日常性质量不良，其内容比较容易把握。

"WHEN"表示不良品产生的日期和时间。"WHAT"表示不良品名称（零件名称等）。 表1-8中"开关的螺钉"就是"WHAT"。"HOW①"表示不良品内容。 图表中的"紧固不当"就是指"HOW①"。"HOW②"表示不良品特征，即不良程度，表中"5个中有2个扭矩少2kg"就是"HOW②"。

这样简洁易懂地描述不良品性质，有助于相关人员正确把握不良品的产生情况，迅速采取相应对策。

② 将日常性质量不良情况列表

可以通过图1-7"不良产品件数变化"客观把握不良品的产生情况。 为了迅速实施对策，我们可以在"2W2H"的基础上，给不良品列表。

013

假设 1 月份出现了 5 个不良品，我们可以在每次不良品产生时，为其列表，并归纳总结解决方法。 比如：WHEN ＝ 1 月 8 日、WHAT ＝ 这个案例、HOW① ＝ 切断位置错误、HOW② ＝ 1 个、2 毫米，像这样给每个案例作记录。

应对日常性质量不良时，应该分为本部门和其他部门，必要时可以拜托其他部门采取对策。

另外，记录下对策实施的完成期限，更有利于管理对策实施的情况。

将日常性质量不良情况列表，不仅有助于把握生产现场的质量状况，此表还可以当作信息源，方便及时发现质量不良产品。

表 1-8　日常性质量不良的 "2W2H"

"2W2H"	内容	表示（例）
WHEN	产生日期	4 月 8 日
WHAT	不良品名称	开关的螺钉
HOW①	不良品内容	紧固不当
HOW②	不良品特征	扭矩少 2kg　2 个/5 个

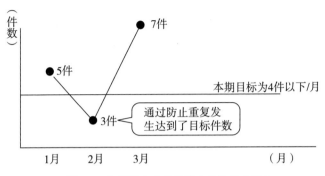

图1-7 每月不良产品件数变化趋势（例）

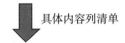 具体内容列清单

表 1-9 日常性质量不良品清单

（WHEN）	（WHAT）（HOW①）		（HOW②）	应对部门	期限
01-08	容器截断位置错误	2mm	1个	组装科	01-09
01-10	管道粘接不良	剥落	2个	材料科	01-11
01-12	盖子嵌合不良	1mm	1个	组装科	01-13
01-18	托架未打孔	—	1个	机械科	01-18
01-28	恒温器位置安装错误	3mm	2个	组装科	02-01

1-7 区分不良品的再发性和延伸性

① 再发性

在应对日常性质量不良问题时，必须首先区分是什么样的不良品，还要判断这个不良品是不是典型，是否

有助于降低整体的不良品件数。

其判断标准之一是再发性，即"此种不良现象是否会再次发生"。可以根据产品（"WHAT"）今后使用频率的高低来判断其再发性。表 1-10 中，"开关螺钉"就是"WHAT"。如果近期此种螺钉停产，不需要进行螺钉安装作业的话，我们可以判断此不良现象的再发性低，把它定位在 5 个等级中的第 1 等级上。而如果从生产计划来看，今后开关的使用频率较高，可当时却没有采取对策应对"紧固不当"的不良现象，我们可以判断此不良现象的再发性较高，需要把它定为在第 5 等级上。

② 延伸性

另外一个判断标准是延伸性，即"此对策是否能应用于别的不良现象"。应用性可以根据不良品内容（HOW①）来判断。表 1-10"螺钉紧固不当"事例中，"紧固螺钉"就是"HOW①"，可以根据工作现场紧固作业的多少来判断其应用性。如果紧固作业多的话，则可以把它定为在第 5 等级。

在"销栓镀金不良"事例中，销栓为"WHAT"，镀金作业为"HOW①"，判断不良品再发性和延伸性的方法同上。

采取对策需要花费一定时间，所以一定要选出具有代表性的不良品。根据判断结果调整劳动力数量，另外也要深入拓展地讨论对策内容。 防止重复产生不良品的对策需与生产现场减少不良品的活动紧密联系起来。

表 1-10 不良品再发性和延伸性判断表 (例)

不良品事例	再发性	延伸性	判断	对策要领
开关螺钉紧固不当	5	5	5	采取的对策需有益于生产现场整体
销栓镀金不良	5	1	3	只需针对产生不良品的工程采取对策
框架尺寸偏差	1	1	1	由于框架只使用一次，不必采取对策
管道缝隙不良	1	5	3	考虑对策时，需重视延伸性

(高：5；低：1；中：3 判断基于平均值)

表 1-11 投诉的再发性与延伸性判断表 (例)

投诉事例	再发性	延伸性	判断	对策要领
托架变形	5	1	3	只需针对托架采取对策
软管材质不同	5	5	5	采取的对策需有益于生产现场整体
齿轮尺寸偏差	1	5	3	考虑对策时，需重视应用性
容器截断错误	3	1	2	只需要现场指导即可

─── 重点 ───

判断出不良品再发性、延伸性都比较高

有益于提高生产现场整体质量的对策
当判定再发性、延伸性中仅有一个较高时

根据判断调节劳动力（劳动时间）的多少

图 1-8　重点

1-8　规律性不良（短期）品的对策

① 从上月数据中选定"规律性不良品"

如果收到总公司降低不良品的要求，在平日严防死守对抗"日常性不良品"的基础上，还需分析上月数据、总结出"规律性不良品"的发生规律，并采取相应对策。

如表 1-12 所示，分析上月发生的 5 起投诉案例可知，由于工作内容变更时联络沟通不到位引起的有 1 起、由于不具备操作标准引起的有 2 起、其余 2 起是由于零部件保管方式不当引起的。 这些就是"规律性不良品"的发生规律。

② 定期召开总结会议

选定"规律性不良品"后，需召开总结会议进行讨论。 开会前首先要制定规则，规定日期、时间、参加者、必要数据和主持人等。 会议要有轻松愉快的氛围，以便充分调动与会者的积极性。 在会议现场，大家互换有用信息、充分讨论问题，这样可以受到启发，得出解决方法。 为达到这一目的，需要制定恰当规则确保轻松、自由的讨论氛围。

总结会议当日，首先分析上月现象和原因，确认规律性不良品，并总结成表格，然后大家各抒己见、讨论决定对策、对策负责人和实施期限。 会后实施对策，并在下月的总结会议上汇报结果。

"质量在人"，防止"日常性不良品"与防止"规律性不良品"的再发对策相互结合，这样不仅能够提高产品质量，还能提升相关人员的分析力和决策力。 在此有一点需要注意：实施对策时需要相关人员以愉快的心态和积极的态度向前推进。

表1-12 规律性不良品的总结（例）

原因 投诉内容	工作内容变更时 的沟通不足	生产标准 不完备	零部件保管 方法不当
橡胶中掺入异物			●
容器尺寸偏差		●	
贴错标签	●		
软管材质不同		●	
托架变形			●

表 1-13　定期开会总结（例）

规律性不良	对策内容	负责人	实施日期
生产标准不完备	①重新研究制定生产标准	木下	03-15
	②明确负责人和指导者	木下	03-30
零部件保管方法不当	①使用各种架子进行立体保管，变更保管方法	大田	03-20
	②零部件外形包装标准化，遵循标准化指导	大田	03-30

1-9　规律性不良（长期）品的对策

① 分析数据，把握现状

质量标准的最理想状态是不良率逐年减半。为此，需要具备长远的眼光，详细分析不良原因，然后采取必要对策。

首先，需要记录一定期间内的不良品数据，并使其表格化，明确规律性不良品的性质和规律。

如图 1-9 所示，6 个月中产生的不良品主要集中在 3 个方面：①孔间距偏差、②加工疏忽、③尺寸偏差，共计 64 件，在全部 103 件不良品中占 62%，为重点不良，如果能锁定这些不良品，集中进行改进的话，肯定能达到不良品减半的目标。

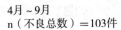

4月 ～ 9月
n（不良总数）＝103件

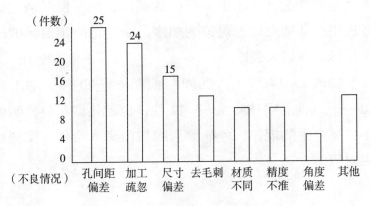

图1-9 各种不良情况数据

表1-14 选定重点不良品（例）

不良内容	①孔间距偏差	②加工疏忽	③尺寸偏差	④去毛刺
实际不良品数（件数）	25 件	24 件	15 件	8 件
讨论顺序	1	2	3	4
今后的削减目标	−20 件	−20 件	−12 件	

② 选定重点不良品

选定重点不良品的步骤为：①通过图表确认规律性不良品的情况，按照由多至少的顺序，把不良品情况做成表格；②确定讨论对策的顺序，决定每个不良品的改进目标，并记入表格。

如表 1-14 所示，孔间距偏差——20 件、加工疏忽——20 件、尺寸偏差——12 件，也就是说，只有明确不良品产生的规律，才能顺利地与负责人合作，实施相应对策。

③ 双管齐下的对策

为了快速达到质量标准，我们需要实施"日常性不良品"对策，与此同时，分析短期（上月）和长期（前段期间）规律性不良品的数据，把握其规律，有重点地采取对策。 所以说为了达到产品质量标准的速度要求，需要采取"日常性不良品"和"规律性不良品"双管齐下的对策。

1-10 如何应对质量不良的课题

① 活用职责分担的信息

我们已经学习了三方攻略，剩下就是针对品质不良的对策问题，这需要强化生产现场的职责贯彻力度。

应对"规律性不良"时，我们采取了分析数据、重点应对的策略。而面对"质量不良的课题"时，活用"职责分担"信息更加重要。"职责分担"是指将生产现场中归纳总结出的各种职责内容加以强化，达到降低不良品的效果。

② 选定课题

首先是再次确认需要达到的质量目标，然后评价职责贯彻状况，客观把握其强、弱项，并根据评价结果，列举出各个课题。比如，当我们判断"质量数据的收集和分析"为弱项时，就可以把"强化质量数据的分析能力"作为课题提出。

接着，评价各个课题的重要性、可实施性，确定优先顺序，并重点选择几个课题。比如，在评价"强化质量数据分析力"时，如果此方面之前出现的不良品数量少，造成数据不足，而无法采取相应对策，就可以判断"数据分析力"很重要。另外，如果分析后认为自身能够制定计划并实施，就说明此课题具有实践性。

无论哪种生产现场，需要挑战的职责课题都有很多。强化现场工作人员的职责贯彻力度，对实现 OJT（编者注：职场内培训）和达到质量标准非常有效。

表 1-15　组装科的职责分担（例）

NO.	项目	职责内容
1	制定高效率的生产计划并实施	制定、实施按期交货计划 制定、实施短期装配计划 **制定、管理每周装配计划** 应对生产追加计划等
2	确保质量稳定的机械、工具和生产管理	**收集、分析质量数据** 防止不良品再发生对策的确认和实施 **生产标准的制定和管理** **生产指导与跟踪指导** 实施设备、机械条件的管理工作 检查、调整、管理工具与器械 **有计划地培训各种生产技能**

上表中标有下划线的职责为当前"弱项"

表 1-16　选定重点课题

	列举课题	重要性	可行性	优先顺序
1	强化每周组装计划的管理力度	△	A	
2	强化质量数据分析能力	○	A	1
3	制定操作标准、强化管理力度	△	A	
4	强化跟踪指导力度	○	A	2
5	强化生产技能的培训力度	△	B	

重要性：有○　无△
可行性：有A　无B

024

第 2 章
有关防止不良品再发生的想法

2-1　防止不良品再发生的基本问题

① 方法方面

现在，为了应对投诉和不良品再发生，每个生产现场都已基本备好了对策书，不过格式却是五花八门、种类繁多。 如果领域、产品不同，那么格式不一情有可原，可如果是因为方法繁多、随意使用而造成格式不同的话就有问题了。 这种状态下，不仅很难总结出有效的对策方法，还会浪费时间，得出的对策也经不起考验。

因此，认真确立防止不良品再发生的方法极为重要。

② 结构方面

并不是说只要具备了方法，就能防止不良品重复产生，远没有这么简单。除了方法之外，还需要有能够灵活运用方法的机制。

质量标准的共享机制、应对日常较小不良现象的机制、有计划地应对大规模不良现象的机制等。为了减少不良品，提高产品质量，必须使这些机制充分发挥作用。

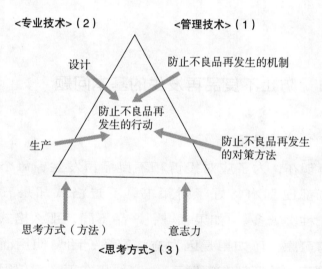

图 2-1　防止不良品再发生对策的 3 个方面

③ 思考方式和意志方面的问题

无论是方法还是机制，其根本都是每个人要学会思考，要有自己的想法。因为不良品产生的原因会因个人认识的不同而有所差异。比如说，需要了解"防止不良品再发生"和"防患于未然"这是两个不同的概念。思考是行为的基础，思考方式不一样，其行为也会必然不同。

所以在实施防止不良品再发生的对策时，思考方式的一致非常重要。

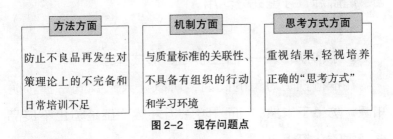

方法方面	机制方面	思考方式方面
防止不良品再发生对策理论上的不完备和日常培训不足	与质量标准的关联性、不具备有组织的行动和学习环境	重视结果,轻视培养正确的"思考方式"

图 2-2 现存问题点

2-2 防止不良品再发生的系统

为了防止不良品再次发生，必须采取有组织的、系统的预防措施，打一枪换一个地方的方式不会出成果。

图 2-3 是防止不良品再发生的整体流程，希望大家重视并付诸实践。

① 防止不良品再发生的思考方式

思考方式是行为的动力，也是防止不良品再发生的基础。 如果没有细致、周到的思考，就不能推动预防工作的进行，并且充分理解每个人的思考方式并加以共享非常重要。

② 学习预防方法

为了达到质量标准，推行实施具体的预防措施，必须重视学习每种技能方法。 这些方法只有个人真正体会、理解后，才能充分活用。

③ 预防知识——相互学习、形成体系

在推行预防对策的同时，可以让大家共同掌握预防知识，防患于未然。 而"防患于未然"正是防止不良品再产生的头等大事。

"防患于未然"的方法和技能来源于生产现场的实践。 虽然有时候不能尽如人意，但是通过构筑实践和相互学习的体系，还是能够取得相应效果的。

④ 防止再发 & 预防的体会

如果能够整体、系统地实践上述内容，就能积累防止、预防不良品产生的各类经验，达到改进产品质量、促进个人成长的目的。

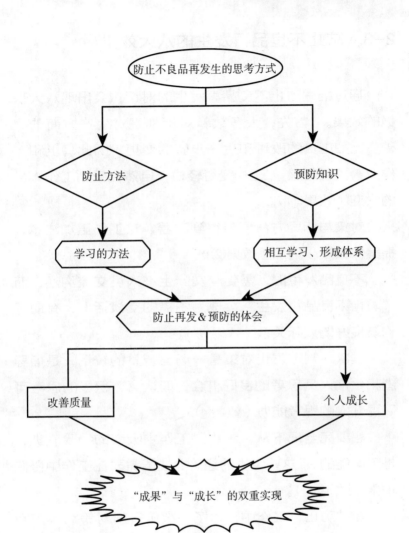

图 2-3 防止不良品再发生的整体流程

2-3 防止不良品再发生的八大效果

通过推进防止不良品再发生的对策，会出现八大积极的效果。 首先，大多数新对策都是对生产方面的改善，比如工具的改进和生产步骤的变更，因此马上和工作改善关联起来。 工作变得轻松，自然会受到工作人员的欢迎（效果①）。

对策与指导方法同步得到改善，对工作更加注意，提案件数逐步增加（效果②）。

不良品发生时，需要与实际生产人员交流沟通，而"防止不良品再发生"会成为不错的交谈话题，有助于构筑良好的人际关系（效果③）。

其次，制定防止对策是一场与智慧的较量，是指导者和生产人员思考的良好机会，而认真、积极的思考可以提升人的思考能力（效果④）。

想要完全记下从"防止"工作中吸取的经验教训，是不可能的。 这些宝贵的经验、技能需要在工作中慢慢积累（效果⑤）。

在"防止"工作中，为了每次施行新对策后不走回头路，需要把内容记录下来，并使其规格化（请参照标准化记录：3-12）。 再对规格化后的新对策进行归纳，最终积累成为生产现场的宝贵财富（效果⑥）。

发生不良现象时，不管是采取暂时措施，还是实施

新对策，指导都必不可少。 只有做好切实的指导工作，
才能提高指导力（效果⑦）。

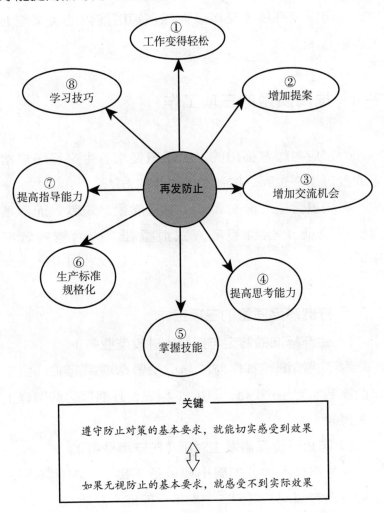

图 2-4　防止不良品再发生的八大效果

把不良品现象当作是学习防止再发技巧的一个练习机会，是一种积极的接受态度。实际积累各种防止对策，既可以提升技能又可以训练在短时间内的决策能力（效果⑧）。

2-4　提高质量的三项工作

为了应对顾客提出的产品质量要求，生产现场通常采取改进生产过程、加强指导作业的方法。

在质量管理方面有句话：质量靠生产筑就，而不是靠检查筑就。这种思考方式很重要，应为管理者所牢记。

① 打造产品质量的三项工作

1）生产标准的制定与指导（进攻型业务）

为了将图纸、制作方法与质量紧密联系起来，生产之前需要制定生产标准和 QC 工程表，并根据这些指导工作人员。

2）防止不良品再发生对策（防守型业务）

在生产过程中，如果出现设备不良、零部件不良、工具不良等情况，需要制定对策，保证产品质量。

3）个别跟踪指导（跟踪型业务）

对于是否遵循生产标准、对策的实施状况如何等需

要进行定期跟踪检查，重新指导不符合规范的做法。 通
过这样的交流沟通，不仅可以推动工作的进展，也有助
于人际关系的和谐。

表 2-1　筑就产品质量的三项工作

1. 生产标准的制定与指导	（进攻型业务）
2. 防止不良品再发生对策	（防守型业务）
3. 个别跟踪指导	（跟踪型业务）

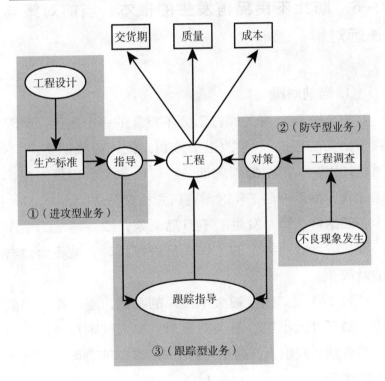

图 2-5　三项工作关系图

② "3M+1M" 的思考方式

一般说来，生产过程有 4 要素组成：机械（Machine）、材料（Material）、方法（Method）、人员（Man）。本书基于"品质在人"的观点，把"4M"归结为"3M+1M"。"3M"全部是"1M"（人员）的结果，所以希望大家重视"质量源自于人"这一思考方式。

2-5 防止不良品再发生的根本、当前对策与长远对策

① 当前对策

表 2-2 是"开关螺钉紧固不良"的一个案例，原因在于钻头的磨损。其改进措施暂定为：更换钻头。不过，如果钻头再次磨损的话，不良现象又会重复发生。因此领导指示今后工作时需要首先检查钻头。

像这样，针对发生的不良品现象，改善特定的工作流程，或者针对特定的工作人员进行指导，被称为"当前对策"。

表 2-3 是"销栓镀金不良"的案例，原因在于"筐篮网眼尺寸太小"。解决对策是：加大网眼尺寸，使销栓不会挂到网眼上，这是"当前对策"，的确可以起到一时的作用。

表 2-2　当前对策与长远对策的不同

日期	不良内容	当前对策	长远对策
04-08	开关螺钉紧固不良	①更换钻头 ②指示事先检查钻头	在检查手册上追加记录下"钻头检查记录"

表 2-3　零部件制造厂家的当前对策与长远对策（例）

日期	不良名称	当前对策	长远对策
03-06	销栓镀金不良	调整筐篮的网眼尺寸	规定镀金用筐篮的网眼尺寸的设计标准
04-07	轮环偏斜	调整定塞器	制定定塞器设计标准
05-08	管道偏斜	指示检查夹具的缝隙	在夹具定期检查手册上添加记录
05-09	说明书的瑕疵	修正图片倒棱部分	制定拐角处倒棱标准

表 2-4　机械制造厂家的当前对策与长远对策（例）

日期	不良名称	当前对策	长远对策
06-03	过滤器无覆盖物	修改安装图，使其带有覆盖物	把触电保护加入设计标准中
07-05	齿轮磨损	把发动机侧的齿轮修改为尼龙齿轮	制定齿轮设计标准
07-09	缆绳断线	更换缆绳种类	制定缆绳种类及施工标准

② 长远对策

在刚才所说的"开关螺钉紧固不良"案例中，如果更换负责人时，没有及时告知新负责人"事先检查钻头"，不良品可能再次发生。因此需要在检查手册上记录下"检查钻头"这一项，这就是"长远对策"。

拿"销栓镀金不良"的案例来说，如果追加生产筐篮，却不修改生产标准，不良品很可能再次发生。所以需要事先制订筐蓝的尺寸标准，这就是"长远对策"。这样一来，即使更换了负责人，但因为有筐篮的生产标准，就能防止不良品再发生。不过不管是当前对策还是长远对策，在真正实现防止不良品再发生时，都是不可或缺的。

2-6 管理者对于不良品再发生现象的责任

① 管理者是打造质量的主角

在 2-4 中已经解释了如何提高质量的 3 项工作（制定生产标准、防止不良品再发生对策、个别跟踪指导），管理者是主导，在相关成员的协作下共同推进生产进行。同时，管理者也负责与生产相关的直接业务，通过对三项工作发挥的指导职能，会提高生产的品质。

② 制定当前对策与长远对策是指导者的工作

不良品发生时，针对生产过程中的"3M"（机械、材

036

料、方法），需要分别实施当前对策和长远对策。 无论
哪一种都需要在指导者的带领下，全体成员共同努力，
认真付诸实践。

③ 从实例中看指导不力

在表 2-6 "管道缝隙不良" 的例子中，调查结果表
明是夹具磨损的原因。 进一步调查发现，管理者没有指
示检查夹具缝隙。 另外，夹具制造部门对夹具材质的研
讨不足也是原因之一。 但是在这个案例中，组装人员和
塑型人员都是按照指导内容工作的。

这种情况下，虽然不良品产生的直接原因为相关工
作人员，可是大部分责任还在于指导者。

再看 "螺钉紧固不良" 的例子，如果新手因为不知
道检查 "钻头"，造成不良品的产生，原因就是指示的遗
漏。 虽然制造出不良品的是生产人员，可是指导者也负
有一定的责任。 指导者在不良品发生时，要有强烈的
"自责意识"，和生产人员充分沟通，制定对策。

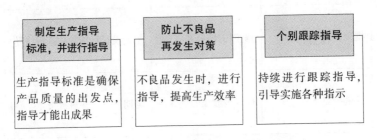

图 2-6 领导者有责任确保提高质量的三项工作顺利进行

表 2-5　指导者有责任制定 "3M" 的长远对策

3M	不良名称	当前对策	长远对策
机械	加工品尺寸偏差	简单自动化 夹具操作简单化	制定机械设计标准 制定夹具设计标准
材料	零部件中混入不良品	改善保管场所的条件 改善保管方法	制定零部件保管标准
方法	组装位置错误	改善检查方法 改善作业方法	制作检查手册 制作工作手册

表 2-6　指导者有责任指导长远对策的实施

不良名称	当前对策	长远对策
螺钉紧固不良	指示检查钻头	记入检查表，并进行指导
框架裂痕	修正图片	制定设计标准，并进行指导
管道缝隙不良	修复被磨损的夹具	定期检查，并进行指导

2-7 "物的管理"和"人的管理"

① 为什么"管理"一词给人的印象不好

"管理"这个概念产生于美国。 对于"物"来说，管理确实有效。 不过，"管理"这个词却往往给人不好的印象，这是为什么呢?

这是因为管理人时常常使用了物的管理方式。 日语中的"控制"也可以翻译成"管理"，所以有把人和物同等对待之嫌。

② "控制"与"管理"的区别

"控制"的对象是物，而管理的对象是"人"，二者必须严格区分。 在《新明解国语辞典》(三省堂)中，"控制"的定义是:"掌控物品的整体(不断检查)，使其按本人的想法发挥功能，并保持良好的状态。"而"管理"的定义是:"掌控人的整体(不断确认)，使其按本人的想法发挥功能，并保持良好的状态。"

如果能明确理解"物的管理"和"人的管理"，区分使用二者，管理行动绝对不会给人阴暗的印象，反而能使生产现场的氛围更加积极向上。

③ 管理约束生产现场

工厂应该在质量标准和质量期望下进行生产活动。

不过质量标准因人而异，质量意识低的人也是存在的。针对这样的人，就需要发挥"管理"的作用，对其重复提醒，提高质量意识和工作热情。 所以在日常工作中以正确的管理方式规范生产人员的意识，提高生产积极性，这点非常重要。

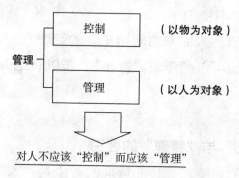

图2-7　"管理"的区别使用

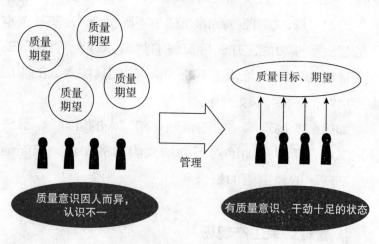

图2-8　使用"管理"约束人

2-8 从"防止不良品再发生"到"防患于未然"

① 防止不良品再发生的对策产生于实际生产活动中（参照第 3 章）

针对不同的不良产品，防止其再发生对策都是在生产现场实施的。 每次发生不良现象的时候，大家都以领导为中心商讨对策，共同制定解决方法并付诸实践。 其结果改善了生产，也改进了生产指导方法。 这种日常性的、看似笨拙的方法对于达成目标十分有效，并且能提高生产人员的质量意识。 不过虽然多数企业已经在实施这种方法，对策的完成度却较低，因此需要见效快的策略。

② 防止不良品再发生的课题研究是生产后的行为（参照第 5 章）

"防患于未然"的课题研究是生产后的行为。 为了分析①中防止不良品再发生对策的内容，提高产品质量需要选定生产现场能够独立解决的课题，通过团队合作来推进。

①中所述的防止不良品再发生并不是目的，真正的目的在于②中的"防患于未然"。 从课题的研究活动中，制作、制定并逐步积累适合生产现场的工作手册和管理标准。

第1阶段　防止不良品再发生对策

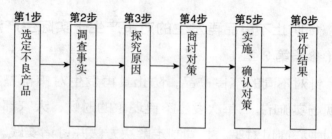

第2阶段　课题的选定和研究

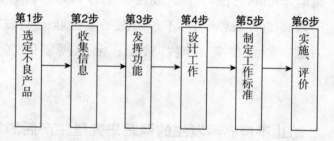

第3阶段　通过团队学习强化技能

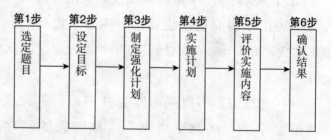

图2-9　从"防止不良品再发生"到"防患于未然"

042

一边忙于生产一边进行课题研究的工厂很少，但是
对工厂来说，重视品质是今后必须加强的地方。

③ 生产前就要学习"防患于未然"（参照第 4 章）

"防患于未然"的学习要在生产前进行。 在团队技
能学习活动中，可把②中编辑的工作手册和管理标准作
为教材使用。 可以说只有这种在生产前开展业务学习的
工厂，才有可能生产出高品质的产品。

第 3 章
产生自生产现场的防止不良品再发生方法与思考方式

3-1 制定质量标准

① 设定不良率减半目标

防止不良品再发生从设定目标开始，这样才能形成体制，约束相关人员，这在提高质量方面不可或缺。

为了提高顾客满意度，投诉件数和不良率都能达到 0 是最理想的状态。 不过现实中，"0" 目标过于严格，所以很少有工厂设定这个目标。 一般都会把标准设定为与前期相比减半。

设定质量目标的步骤如下：

<第 1 步>：领导者将不良率目标设定为比上期减

少 50%。

<第 2 步>：本部门把握前 6 个月的平均不良率。

<第 3 步>：本部门设定本期质量目标为与上期实际值相比减少 50%。

比如，生产 1 科前期的不良率为 5%，如果领导者指示的目标为减少 50%，那么生产 1 科本期应设定目标不良率为 2.5%（6 个月的平均值）。

② 管理目标达成状况

为了方便相关人员把握每月不良率的目标值、实际值、达成状况，需要制作"各月不良率变化表"（参考图 3-1）。 通过此表我们可以看出，如果按照减半的标准，本期不良率为 2.5%，下期就为 1.25%，即每月减半，这样才能逐步形成顾客满意的质量标准体制。

不良率的计算公式为：

$$不良率 = \frac{不良件数}{检查件数} \times 100\%$$

这个公式意味着不良率会随着不良件数的减少而减少，并帮助我们理解防止不良品再发生的重要意义。

1. 质量目标的设定步骤

2. 确认计算公式

$$不良率 = \frac{不良件数}{检查件数} \times 100\%$$

3. 管理目标达成状况

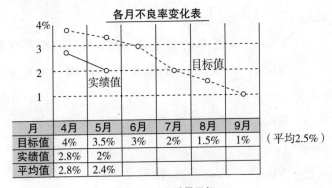

各月不良率变化表

月	4月	5月	6月	7月	8月	9月	
目标值	4%	3.5%	3%	2%	1.5%	1%	（平均2.5%）
实绩值	2.8%	2%					
平均值	2.8%	2.4%					

图 3-1　设定质量目标

3-2　不良品发生状况调查法

① 进入正式调查之前，从调查的状况中设定假说

医生在正式会诊之前，会调查患者的状况，以假定患者哪里出了问题。 此外，刑事案件也会先设定假说，

之后再正式立案调查。 同样，为了防止不良品再发生，生产现场也需要事先调查状况，作出假设，这样才能使现场调查迅速实施。

② 利用"4W1H"调查状况

使用"4W1H"把握不良品特征和不良品产生时的现场状况，才能突出重点。 例如在"螺钉紧固不良"的案例中，"4W1H"分别为：

How：不良品的特征（5 个螺钉中有 2 个扭矩少 2kg）

What：不良品的型号"A201 型"（开关型号）

When：不良品产生的日期、时间（4 月 8 日 10 点）

Where：不良品的产生地点、所属工程（A 线 4 工程）

Who：不良品产生时的责任人或指导者Ⅺ［山田（新人）］

③ 锁定重点，展开调查

在以上事例的分析中，从不良品的特征和责任人为新人等状况中我们可以作出以下假设，造成不良品产生的原因可能是：①使用工具的磨损；②生产方法的不统一等。

这样作出多种假设，然后锁定重点展开调查，就能更容易把握事实真相。

如果由于不熟悉方法导致难以作出假设，可以通过直接现场观测、听取当事人意见来作出假设。每次不良品产生时，希望大家都能有意识地作出假设，并习惯这种作法。

状况调查和设定假说

表 3-1 事例："开关螺钉紧固不良"假说的设定方法

4W1H	状况	假说	调查重点
How	（5 个螺钉中有 2 个 扭矩少 2kg）	使用工具的磨损	作为工具的钻头
What	A201 型		
When	4 月 8 日 10 点	工作方法 不统一	紧固步骤
Where	A 线 4 工程		
Who	山田（新人）		

表 3-2 状况调查的重点

状况	假设	调查重点
安装方法不统一	使用工具磨损	钻头状态是否良好
新人尚未习惯生产	生产方法不统一	紧固步骤是否正确

表3-3 防止不良品再发生对策表——不良品名称、状况调查（例）

			制表日期	
			姓　　名	
不良品名称			不良特征	
螺钉紧固不良			5个螺钉中有2个扭矩少2kg	
状况	WHAT	A201型	WHEN	4月8日
	WHERE	A线4工程	WHO	山田（新人）

3-3　工程"3M"事实的调查方法

① 工程中的"重大事实"

所谓"重大事实"，是指在调查引起不良品发生的工程"3M"中，判定为与不良品产生关联性高的"标准偏差"。

② 工程"3M"

"MACHINE"：设备、机械、夹具、工具、测量器等。

"MATERIAL"：材料、零部件、副资材、镀金液。

"METHOD"：工作人员的实际生产方法。

③ 现场调查的两种方式

不良品产生后，先要进行假设，锁定重点，从两个方面调查工程中的"重大事实"。

> <步骤1.1>把握机械的"重大事实"（偏差）。
> （例）气动螺丝刀钻头顶端磨损变圆。
> <步骤1.2>把握方法的"重大事实"。
> （例）事先没有检查钻头顶端。
> <步骤2.1>把握材料的"重大事实"（偏差）。
> （例）螺钉切割错误。
> <步骤2.2>把握方法的"重大事实"。
> （例）没有确认螺钉部位。

一般说来，应该首先从机械、材料方面开始调查原因。如果不能把握机械、材料的"重大事实"的话，可以先寻找方法方面的疏漏，然后再调查机械、材料方面的问题。"重大事实"的把握有两种方式。

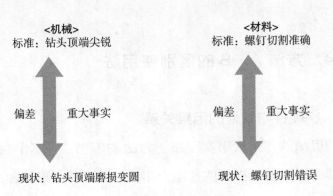

图3-2　标准与现状的偏差

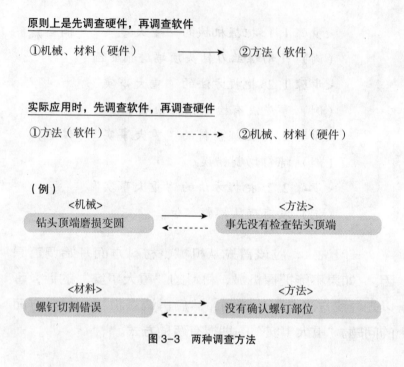

原则上是先调查硬件，再调查软件

①机械、材料（硬件） ⟶ ②方法（软件）

实际应用时，先调查软件，再调查硬件

①方法（软件） ┄┄┄▶ ②机械、材料（硬件）

（例）

<机械> <方法>
钻头顶端磨损变圆 事先没有检查钻头顶端

<材料> <方法>
螺钉切割错误 没有确认螺钉部位

图 3-3　两种调查方法

3-4　方法 A · B 的区别使用法

① 硬件与软件的因果关系

机械的"重大事实"在于方法的不当。 比如"钻头顶端磨损"就是机械的"重大事实"，其产生原因却在于"事先忘记检查"这个方法上的疏漏。 所以说机械、材料这些硬件偏差都源于方法的不当，如果很好地理解了

这种说法，就能在调查中突飞猛进，制定出有效的
对策。

② 方法 A·B 的区别使用

假定硬件"钻头顶端磨损"源自于"事先忘记检
查"的方法上的疏漏。那么对于这个疏漏：

> 方法 A（通常）：从未检查过钻头
>
> 方法 B（异常）：每次都检查，只有发生不良的
> 那一次没检查

方法 A 与方法 B 导致的结果完全不同，大家需要区
分使用。如果原因在于方法 A"从未检查过钻头"，可
能是操作人员不知道检查，由此可推断不良产生的原因
可能是"没有钻头检查这一规定，指导不完备"。而如
果原因在于方法 B"每次都检查，只有发生不良的那一
次没检查"，可能是"当时有人缺勤，大家比平时繁忙，
没时间检查"所致，由此推断不良品产生的原因可能是
"尚未制定应对缺勤的方法，指导不完备"。因此必须
充分理解方法 A 和方法 B，在此基础上调查不良品产生
的原因。

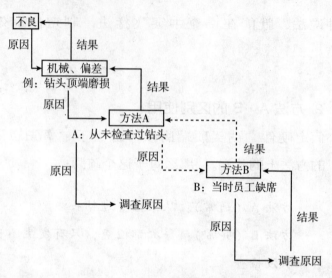

图 3-4　方法 A・B 的两种使用法

表 3-4　防止不良品再发生——重大事实（例）

			制表日期 _____	
			姓　名 _____	
不良品名称			不良品特征	
开关的螺钉紧固不良			5 个螺钉中 有 2 个扭矩少 2kg	
状况	WHAT	A201 型	WHEN	4 月 8 日
	WHERE	A 线 3 工程	WHO	山田（新人）
重大 事实 （偏差）	MACHINE （设备、机械、 夹具、工具、 测量器等）	MATERIAL (INFORMATION) （材料、零部件、 信息等）	METHOD A （通常的 生产方法）	METHOD B （仅 当时 使 用 的方法）
	1. 气动螺丝刀 钻头顶端磨损	原因 ———————→	2. 从未检查 过钻头顶端	3. 员工缺 席，太忙 没有检查

3-5 观察、听取的三阶段

① 第 1 阶段：熟悉工程标准

想要把握工程中的重大事实（偏差），须首先观察。需要观察的内容有：实际使用的机械、夹具、工具、生产方法等。

无论是观察机械、材料，还是方法，需要以把握偏差为目的。 而观察的前提是：理解和熟悉观察对象的各项标准。

② 第 2 阶段：在生产现场观察、听取

结合 "3M" 的状况，分别进行观察和听取，把握事实。 比如，从观察中可以得知工具钻头顶端磨损、使用工具加工时的气压低等状况。 据此我们可以推断这些或许与 "螺钉紧固不良" 有关。 现场观察中 "观" 的意思是 "观察事实"，而 "察" 则表示 "发现与不良品相关的情况"。

其次，听取与调查也密不可分。"听" 意味着 "认真倾听对象的状况"，"取" 意味着 "从听到的内容中提炼事实"，所以需要区分对待 "听取" 和 "听" 这两个字词。 比如：我们与其问："工作前检查了吗？" 不如问 "工具检查得怎么样了？"；与其问："工作中断过吗？" 不如问 "如果到了休息时间，工作会怎么处理，此时工

055

作进展得如何了？"就是说尽量从询问中引出事实，这种方法很重要。

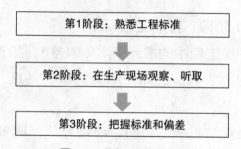

图3-5　观察、听取的三阶段

表3-5　观察、听取"3M"

3M	观察	听取
机械	①运转情况与外观等	②机械的状态
材料	③外观、尺寸、保管	④管理状况
方法	⑤持续作业时	⑥停止作业时 ⑦定期性作业，如：开始工作时 ⑧状况不存在时

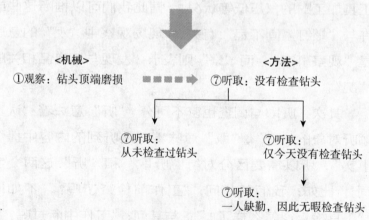

图3-6　把握重大事实（偏差）事例

③ 第 3 阶段：把握标准和偏差

调查时需要熟知各项标准，以假设为基础进行实地观察，并认真听取情况，客观把握工程的"重大事实"（偏差）。

3-6 暂定处理措施的着手方法和横向展开

① 暂定处理措施

暂定处理措施是指，工程中发生"重大事实"（偏差）时，为了继续进行作业，把偏差暂时恢复到原来标准（使用交换、修理、重新指示等方法）的行为。

② 用具体事例说明暂定处理措施

对发生的不良现象已经作了状况调查、把握了工程的重大事实后，需要立刻修正偏差，使生产能够按照标准正常进行。

比如，"钻头顶端磨损"为机械的偏差，如果任其发展，不良现象还会产生，所以在检查出钻头磨损后，需要立刻更换钻头，使其恢复到正常标准，这就是暂定措施。

实施完暂定措施之后，需要进行管理，记录下处理内容、责任人、处理日期以及处理后的确认日期等。

057

表 3-6 防止再发对策表——暂定处理（例）

不良名称				不良特征
开关螺钉紧固不良				5个中有2个扭矩少2kg
重大事实（偏差）	MACHINE（设备、机械、夹具、工具、测量器等）	MATERIAL（INFORMATION）（材料、零部件、信息等）	METHOD A（通常的生产方法）	METHOD B（当时使用的方法）
	1. 气动螺丝刀顶端磨损		2. 钻头顶端未检查（发生原因）	3. 人员缺勤，顾不得检查（发生原因）

对策及实施	No.	暂定处理、新处理	责任人	日期	确认
	1	更换气动螺丝刀顶端	木下	04-08	04-09

表 3-7 暂定处理的横向展开（例）

暂定处理（例） \ 展开部门	A线本工程	A线其他工程	其他生产线其他领域
重新指导钻头紧固步骤	○		
更换钻头	○	○	
修理损坏的夹具	○		○
确认、重新指导贴标签的方法	○	○	
重新指导生产中断时的标注方法	○	○	○
重新指导电压确认方法	○		○

③ 暂定处理的横向展开

根据暂定处理的内容，需要讨论是否对其他工程也展开调查，如有需要，则需积极推进横向调查。 可以说这种横向调查左右着现场的生产效果。 暂定处理的横向展开具体如下所示：

<案例1>将暂定处理限定在产生不良的本工程内

（例）限定对象为新人小A，重新指导他正确的紧固螺钉步骤

<案例2>将暂定处理措施推广到其他工程、生产线和相关领域

（例）在更换本工程中使用的气动螺丝刀后，检查其他工程、生产线中所有使用钻头的机械，并实施暂定处理措施。

3-7 探究原因的问题123

① 发生原因

为了防止不良品产生和工程中的"重大事实"再次发生，需要追寻事故原因、寻找对策，具体如下所示：

①标准不良：该工程中无质量标准或质量标准不完备；

②指导不力：实施该工程时没有指导或者指导

不完备；

　　③学习不足：本人技能学习不够或反省不足。

② 探究原因的方法

　　探究原因时需要按照以下步骤进行。 我们以"未检查钻头"为例进行解释。

　　<步骤1>：确认"检查钻头时是否有固定标准"。如果有固定标准的话，不良发生原因可能是"标准不良"。如果检查结果为"没有固定标准"的话，则参照步骤2。

　　<步骤2>：确认"是否进行生产标准的指导"，如果没有指导的话，不良发生原因应为"指导不力"。如果有指导的话，则参照步骤3。

　　<步骤3>：检查"工作人员的技能是否达标"，如果没有达标，不良发生原因应为"技能不良"。如果技术没有问题，原因是"未检查钻头"的话，就要采用方法B（异常），而不是方法A（通常）。此时，如果把握了"重大事实"（如因一人缺勤，太忙而没顾上检查），就需要重新使用一遍问题123。

　　充分理解并活用问题123，有助于探明不良品再发生的原因。 希望大家在每次不良品发生时，反复使用这个方法，早日熟记于心。

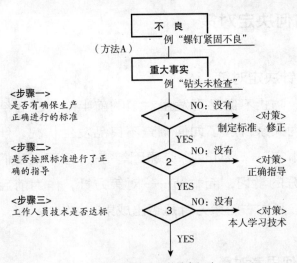

图3-7　探究原因的方法123

表3-8　原因防止对策表——探究原因（例）

不良名称				不良特征
开关螺钉紧固不良				5个中有2个扭矩少2kg
状况	WHAT	A201型	WHEN	4月8日
	WHERE	A线3工程	WHO	山田（新人）
重大事实（偏差）	MACHINE（设备、机械、夹具、工具、测量器等）	MATERIAL（INFORMATION）（材料、零部件、信息等）	METHOD A（通常的生产方法）	METHOD B（当时使用的方法）
	1.气动螺丝刀顶端磨损	原因 →　原因	2.钻头顶端未检查	
产生原因	①不具备标准	②指导不力	③学习、反省不足	
	2.没有制定钻头检查的标准			

061

3-8　如何决定对策

① 方针决定对策

至此，防止不良品再发生对策的前半部分已经结束了，当中为大家讲解了如何调查不良品发生状况、什么是"重大事实"以及如何探究原因等等。 接下来我们进入后半部分的学习，而本节——对策方针，作为前后部分的过渡，是左右对策方针是否出成果的关键。

② 如何思考对策

假设自驾车上班，路上出了交通事故。 原因是睡懒觉导致匆忙而引发，那么为什么会睡懒觉呢？ 原因是定错了闹钟时间，闹钟没有按时响，这就是"重大事实"，发生原因即为"没有固定设置闹钟时刻的方法"。

决定方针时，可以从"原因排除法"开始。 比如在本事例中"闹钟"为不必要原因，也就是说，如果不定闹钟早晨也能按时起床的话，那就没有必要定闹钟。 通过原因排除法，就可以制定出无论睡懒觉还是交通事故都能应对的策略。

不过如果事故的发生跟"闹钟"密切相关，而无法排除此原因的时候，方针就要从"排除原因"转变为"预防原因"。 在使用闹钟的前提下，防止定错闹钟，防止睡懒觉和防止交通事故就是切实可行的方针。 因此，选择"排除原因"还是选择"预防原因"，对策的内容和效果会有很大变化。

③ 首先排除原因、其次预防原因

假设"螺钉紧固不良"的原因是"没有钻头检查的固定标准"。 那么如果采用"排除原因"的话，对策方针应为"不要使用气动螺丝刀"，而如果很难"排除原因"的话，就采取"预防原因"的方针，即确保气动螺丝刀"固定标准"的正确、开工之前检查钻头等，通过这些对策防止不良品的产生。

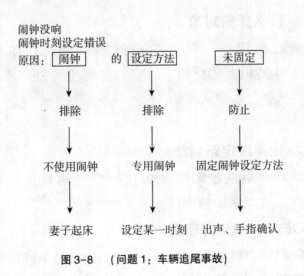

如何决定对策方针

闹钟没响
闹钟时刻设定错误
原因：[闹钟]　的　[设定方法]　　　[未固定]

　　排除　　　　　排除　　　　　防止

不使用闹钟　　　专用闹钟　　　固定闹钟设定方法

妻子起床　　　设定某一时刻　　出声、手指确认

图 3-8　 （问题 1：车辆追尾事故）

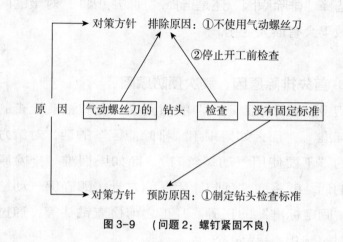

图 3-9　（问题 2：螺钉紧固不良）

3-9　如何决定新对策

① 什么是新对策

新对策是指：在之前方针的基础上，改善工程 "3M" 中的机器和材料，修正方法标准，并彻底进行指导的行为。

② 如何决定新对策

新对策是直接影响到防止不良品再发生的关键步骤，需要按以下步骤进行。

<步骤 1>确定对策点

在对策方针的基础上，明确对策点。　例如，如果采用 "预防原因" 的方针，那么对策点为 "制定气动螺丝刀钻头的检查标准并切实推行"。

<步骤2>使用 "对策123" 决定对策内容

　　①列举观点：针对对策点，与小组成员商讨并记录各种观点。(列举＆记录)

　　②评价观点：认真思考列举出的各种观点，从可行性和效果进行评价。(Q&A)

　　③总结观点：参考评价结果，以预测效果明显的观点为中心，总结归纳对策内容。(总结)

<步骤3>决定对策实施人和期限

实施人：实施对策的责任人……生产负责者、指导者等。

表3-9　确定对策点

对策点：彻底检查钻头（对策方针：预防原因）

NO.	列举观点	实现	效果	对策要点
1	举行学习会	○	△	
2	给大家展示不良案例	○	○	
3	同组人员每天早晨互相确认	○	◎	开工时互相确认检查内容
4	说明检查的重要性	○	○	
5	介绍事故案例	△	○	
6	定期检查	○	◎	指导者每天确认一次工具

效果明显◎

可以实现○　　　有效果○

无△　　　　　无△

065

期限： 对策的实施期限……生产改善、 制定标准及指导等的期限。

最后将上述结果记入"防止再发生对策" 表中，以便有利于对策的实施和之后的管理。

表3-10　防止不良品再发生对策表——新对策（例）

不良名称	不良特征
开关螺钉紧固不良	5 个中有 2 个扭矩少 2kg

发生原因	①无标准		②无指导		③学习、反省不足		
	没有"检查钻头"的规定						
对策及实施	NO.	应急处理、新对策		责任人	期限		确认
	1	更换气动螺丝刀的钻头		木下	04-08		
	2	开工时首先检查钻头顶端		山田	04-09~		
	3	开工时互相确认检查内容		山田	04-09~		
	4	指导者每日一次，现场确认工具		木下	04-09~		

3-10　偏差与原因的区别 、如何推进新对策

在这里通过实例为大家讲解 4 种偏差及其产生原因、新对策的有关内容。

① 机器的偏差

如果钻头顶端磨损的原因是标准不良的话，那新对策的重点应为"制定检查标准"，对策内容应该规定为"指导已有的检查标准"。 如果已经具备了标准，不良产生原因为"指导不到位"的话，新对策的重点应设定为"指导、贯彻检查标准"。

② 材料的偏差

"螺钉不符规范"的原因如果为"标准不对"的话，新对策的重点应该定为"更改切割条件"，对策内容应为"指导并贯彻新的切割条件"。 如果切割条件具备，产生不良的原因为"指导不到位"的话，新对策的重点就应该定为"重新指导、贯彻切割条件"。

③ 方法 A 的偏差

"螺钉安装质量不稳定"的原因如果为"标准不对"的话，新对策的重点应该定为"制定标准，确保质量的稳定"，对策内容应该规定为"指导并贯彻新的标准"。 如果不良品产生的原因为"指导不到位"的话，新对策的重点就应设定为"再次指导、贯彻生产标准，使生产顺利进行"。

④ 方法 B 的偏差

如果不良品产生的原因是人员缺勤、没有事先检

查，即为"标准不良"的话，新对策的重点应该设定为
"制定应对人员缺勤的规则"，对策内容应为"指导、贯
彻制定好的规则"。 如果已经具备相关规则，不良发生
原因为"指导不到位"的话，新对策的重点应该设定为
"再次彻底指导相关规则"。

4 种偏差、产生原因、新对策

表 3-11 机器的偏差

原因为"标准偏差"时的新对策

不良	机器的偏差	新对策
螺钉安装不合格	钻头顶端磨损	制定、指导贯彻钻头检查标准

表 3-12 材料的偏差

原因为"标准偏差"时的新对策

不良	材料的偏差	新对策
螺钉安装不合格	螺钉不完整	修改、指导切割条件

表 3-13 方法 A 的偏差

原因为"指导不到位"时的新对策

不良	方法 A 的偏差	新对策
螺钉安装不合格	螺钉紧固质量不稳定	重新指导安装螺钉的顺序

表 3-14　方法 B 的偏差

原因为"标准不对"时的新对策

不良	方法 B 的偏差	新对策
螺钉安装不合格	人员缺勤,未检查	制定应对人员缺勤的规则

3-11　新对策的实施与确认

① 实施新对策

防止不良品再发生的对策,分为指导和贯彻两个方面,分别是改善工程中的机器、材料（硬件方面）和贯彻方法的实施（软件方面）。

1）机器和材料的改善

应对硬件——机器、材料方面,首先应该制定"实施计划"。 之后,一边完善计划,一边与相关人员通力合作、实施,并确认结果。

2）方法的指导与贯彻

应对类似"钻头检查规定"这种软件方面的问题时,责任人应彻底贯彻、指导实施对策内容。 即硬件方面的对策需要改善,而软件方面需要加强管理确保对策的贯彻,可使用类表 3-16 的贯彻情况表。

069

② 确认实施结果

1）确认对策实施的结果

记入防止再发生对策表中的新对策内容被称为"假定对策"。实际上，在实施对策后，要确认其效果如何。如果效果好的话，就将确认日期记入防止再发生对策表中。

如果对策内容不完备的话，需要立刻与相关人员沟通，讨论修正方案，并决定下一个对策，继续实施和确认。

2）确认防止再发生对策的结果

通常实施新对策 1 个月之后，需要确认质量不良的发生情况，并记录结果。每次发生不良情况的时候，都要切实实施防止再发生对策，并确认结果，力求减少不良品的产生。

新规对策的实施与确认

表 3-15 "3M"新对策的实施及确认结果

3M	新对策的对象	实施路径	确认结果
机器	简易自动化 夹具操作简单化 提高工具测量器精度	改善计划	不良件数/月
材料	形状尺寸 保管场所 保管方法	改善计划	不良件数/月
方法	步骤方法 生产方法 确认方法	新对策贯彻情况表	不良件数/月

表 3-16　新对策的月度贯彻情况

目标	新对策内容	第1周	第2周	第3周	第4周
不良率 2.5%	互相确认注意事项	○	△	○	○
	开工时检查钻头	△	○	○	○
	确认实施状况	△	○	○	○

○：1周内，工作人员已经贯彻执行
△：一周有1人或者1天没有贯彻执行

表 3-17　防止再发对策表——新对策的实施及确认结果

不良名称			不良特征		
开关螺钉紧固不良			5个中有2个扭矩少2kg		

对策及实施	NO.	处理、新对策	责任人	期限	确认
	1	更换气动螺丝刀的钻头	木下	04-08	04-08
	2	开工时首先检查钻头顶端	山田	04-09~	04-10
	3	开工时互相确认检查内容	山田	04-09~	04-10
	4	指导者每日一次，现场确认工具	木下	04-09~	04-09

确认	4月28日之前没有不良重复 产生质量结果 OK	标准化记录	
		横向展开	

3-12　标准化记录与横向展开

① 什么是标准化记录

之后我们所讲的内容对"防止不良品再发生"尤为
重要。 比如，在变更责任人时，为了防止不良品反复发生，就需要标准化记录。 标准化记录是指，记录新对策内容并使其标准化，达到不再反复发生的效果。

② 标准化记录的方法

以机器为例，因为是硬件，如果进行改善，使其自动化或者夹具操作简单化，可以在一定程度上防止不良品反复产生。 不过如果产量增加，需要追加生产夹具，而生产夹具的人员又发生变动时，有可能产生不良品，所以记录设计标准尤为必要，这对设计者来说很重要。

材料同样需要标准化记录。 比如变更保管方法，从散放变为箱内放置，虽然有效，不过效果只是一时的。想要维持效果的话，需要在手册中记录下放置方法，并通知相关人员，这样即使保管人员变更，接替人员也可以按照标准正确进行保管。

如上所述，不管是机器还是材料，其产生的偏差都与方法相关。 为了确保生产的稳定性，就必须确定方法（标准），并严格在其指导下进行生产。

③ 对策的横向展开

确定的标准需要公司内部所有的相关部门共享。 虽然根据对策内容的不同，横向展开对策的部门也不尽相同，仅限于只有共同进行同一项工作的相关部门。 横向展开可以预防不良品反复发生，提高生产质量。

标准化记录与横向展开

表 3-18　"3M" 新对策的标准化记录（例）

3M	新对策对象	标准化记录例子
机器	简易自动化 夹具操作简单化 提高工具测量器精度	机器设计标准 夹具设计标准 同上
材料	形状尺寸　保管场所 保管方法	零部件管理标准　保管规定 保管手册
方法	步骤方法　生产方法 确认方法	步骤手册　生产标准 确认标准

表 3-19　新对策的横向展开（例）

3M	新对策	本工程	本部门	其他部门
机器	决定位置的夹具	○		
材料	简易架	○	○	
方法	开始工作时检查机器	○	○	○
	作业中断时的对策	○	○	○

表 3-20　防止再发对策表——标准化记录与横向展开（例）

不良名称	不良特征
开关螺钉紧固不良	5 个中有 2 个扭矩少 2kg

确认	4 月 28 日之前无不良品现象再发生 质量结果 OK	标准化记录	在检查表中追加记录钻头情况
		横向展开	B 线工程中实施检查气动螺丝刀的工作

073

3-13 防止不良品再发生对策的整体步骤

下面简单归纳一下防止不良品再发生对策的整体步骤与内容概要：

<步骤1>设定质量目标

把握本部门的不良率平均值，设定同期相比减半的目标。

<步骤2>选择典型性不良品并调查状况

调查不良品发生时的情况、假设"重大事实"。锁定重点会使现场调查变得相对容易。

<步骤3>调查"重大事实"（偏差）

现场观察并听取工程"3M"，把握与标准的偏差。

<步骤4>应急处理措施及横向展开

为了不影响作业，对"重大事实"（偏差）可首先实施应急对策。如有必要，也需要横向展开。

<步骤5>探究发生原因

使用"问题123"调查"重大事实"发生的原因。

<步骤6>决定对策方针

确定使用"原因排除"法还是"原因预防"法，然后决定对策方针，共同探讨对策内容。

<步骤7>决定新对策

以对策方针为基础，探讨对策内容、决定责任人和期限。

表 3-21　防止不良再发对策表——整体步骤（例）

			制表日期 _____	
			姓　名 _____	
	不良名称		**不良特征**	
	安装开关螺钉		5 个中有 2 个扭矩少 2kg	
情况	WHAT	A201 型	WHEN	4 月 8 日
	WHERE	A 线　3 工程	WHO	山田（新人）

	MACHINE（设备、机械、夹具、工具、测量器等）	MATERIAL（INFORMATION）（材料、零部件、信息等）	METHOD A（通常的生产方法）	METHOD B（当时的生产方法）
重大事实（偏差）	1. 气动螺丝刀的钻头顶端磨损（立刻实施应急处理）			2. 未检查钻头顶端（探究产生原因）

产生原因	①无标准	②无指导	③学习、反省不足
	未确定是否检查钻头		

	NO.	应急处理、新对策	责任人	期限	确认
对策及实施	1	更换气动螺丝刀的钻头	木下	04-08	04-08
	2	开工时首先检查钻头顶端	山田	04-09~	04-10~
	3	开工时互相确认检查内容	山田	04-09~	04-10~
	4	指导者每日一次，现场确认工具	木下	04-09~	04-09

确认	4 月 28 日之前无不良再发现象 质量结果 OK	标准化记录	在检查表中追加记录钻头情况
		横　向展　开	B 线工程中实施检查气动螺丝刀的工作

<步骤8>实施新规对策并确认

实施对策并确认内容，记录结果。

<步骤9>确认结果

大约1个月后确认对策实施的结果，并进行记录。

<步骤10>标准化记录及横向展开

使对策内容标准化，并与相关部门共同实施对策。

3-14　防止不良品再发生对策的要点

① 发生不良现象时的应对方法及目的

不良现象发生时的应对方法大概有以下三种：

1）紧急处理——发生不良现象后，立即修理并重新制作，迅速把不良现象造成的影响降低到最小。

2）暂定措施——工程偏差。发生不良现象后，不停工，继续开展作业，同时采取暂定措施抑制不良现象扩大，并防止其再次发生。

3）新对策——改善工程的生产方法，防止不良现象再发。

② 防止不良品再发生的模式

（模式A）：由于特殊作业或特殊原因造成的不良现象，如果在今后的生产中不可能再发生，则只需当时处理，无需采取应急处理或新对策。

（模式B）：由责任人判断暂定措施的模式，比如对生产进行再次指导。

（模式C）：不良情况发生后，需要采取暂定措施和新对策，这是一种较普遍的模式。

（模式D）：如果新对策短时期内可以实施，则无需采取暂定措施，可直接实施新对策。

③ 防止不良品再发生的重点

如下页所示，防止不良品再发生有五个重点，请大家充分理解、实践，并进行确认。 思维方式是行动的基础。 一边实践一边锻炼思维方式，是防止不良品再发生不可或缺的。

表 3-22　不良品再发生时的应对方法

分类	内容	目的
①紧急处理	对不良产品进行修理、再制作	把损失降到最低
②暂定措施	修正偏差	继续开展作业
③新对策	改变方法	防止不良品再发生

077

表 3-23　防止不良品再发生的模式

模式	紧急处理	暂定措施	新对策	适用情况
A	○	——	——	特殊不良现象
B	○	○	——	处置后不会再发生的不良现象
C	○	○	○	需要进行处理、采取对策的不良现象
D	○	——	○	短期内可实施新对策的不良现象

防止不良品再发生的重点

- 五种方法进行调查——现场、实物、现实加上防止再发原理、原则。
- 原因与条件不同——条件为工作上的制约条件，没有办法解决。而原因则需要采取措施，制定新规对策。
- 不良品是教材，也是智慧之母。
- 不要责备人，追究事情才能改善方法。
- 坚持记录防止不良品再发生的对策，才能找出最佳对策。

第 4 章
技能速成"TT 法"

4-1 提升技能的"TT 法"

① 什么是"TT 法"

"TT 法"(也叫做 3·10 法),是一种可以短期内提升技能的 OJT 法。

如图 4-1 所示,"3·10 法"中的"3"是指 3 个轴,即第 1 步:把握度(X 轴)、第 2 步:实施度(Y 轴)、目标:理解度(Z 轴)。 各轴内容根据技能提升所处阶段(理解度—学习度—体会度)而变化(请参照 4-5~4-7 节)。 在这里以提升技能的"理解度"为例进行说明。

"10"是指 3 个轴的满分分别为 10 分。 在提升理解度的时候，第 1 步为"内容的把握程度"，第 2 步为"内容的实施程度"，如果能切实推行第 1、2 步，就可以实现满分为 10 分的目标。

使用"TT 法"提升技能的关键在于，制定目标时，应该以 X、Y 轴得分全都为 10 分为目标。

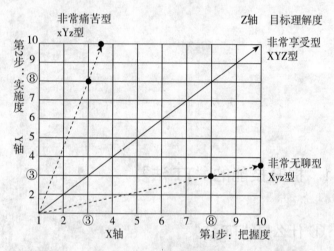

非常痛苦（TT）型，xYz型：第1步把握度3，第2步实施度8
非常无聊（TT）型，Xyz型：第1步把握度8，第2步实施度3
<远离目标，技能提升不足>

非常享受（TT）型，XYZ型：第1步把握度10，第2步实施度10
结果目标理解度为10（第1步 × 第2步 ÷ 10）

如何提升目标理解度为10

① 把第1步结果提升为10（精读内容，确认疑点）
② 把第2步结果提升为10（按照对案例的理解，实施对策）

图 4-1　TT 式（例：提升理解度）

② "TT 法" 是 OJT 的工具

"TT 法" 中设定了生产现场 3 种常见的员工心态类型。 首先是"非常痛苦（TT）型"，即 xYz 型，比如第 1 步为 3 分，第 2 步为 8 分时。 此时 X 轴与 Y 轴的交点远离目标 10，表示技能提升不足。

另一个是"非常无聊（TT）型"，即 Xyz 型。 第 1 步为 8 分，第 2 步为 3 分时，交点也远离目标。

最后一个"非常享受（TT）型"即 XYZ 型，这是最理想的模型。 第 1 步为 10 分，第 2 步也为 10 分，此时离目标 10 最为接近。 通过"TT 法"可以促进防止不良品再发生的 OJT。

4-2 提升技能的基本步骤

为了减少不良品的产生，需要理解、学习、体会与管理相关的思考方法以及具体的操作手法。 快速提高技能的"TT 法"（3·10 法），其基本步骤和要点如下所示：

<步骤 1>确认自己的工作观

这是对自己的工作目的和工作本身的看法。 只有明确了防止不良品再发生的目的和自己的真实想法，才可以去除提升技能之路上的障碍。 所以正确的工作观是提升技能的根本。

<步骤 2>设定提升技能的目标

提升什么、到何时为止、提升到什么程度等这些都需要设定明确的目标。大家可以参考表 4-3 和表 4-4。

< 步骤 3>提升技能理解度

确认对技能的"理解度",可以通过内容的"把握度"与"实施度",其中内容的"把握度"尤为重要。

<步骤 4>提升技能学习度

学习度可以通过"确认度"以及 5 次"反复度" 进行评价。反复实践是提升技能的关键。

<步骤 5>提升技能体会度

体会度可以使用目标达成之前的"反复度"和目标的"达成度"进行确认。通过反复实践可以促进成果与成长的双重实现。

<步骤 6>对技能的自我评价

自己评价是否实现了提升技能的目标。在达到目标之前反复实践的这种积极的思考方式正是技能提升的全部意义所在。

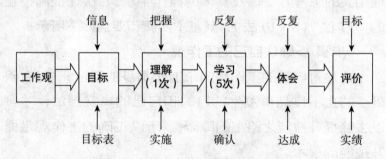

图 4-2 规格内、规格外不良产品的说明

表4-1　提升技能的6大步骤

顺序	内　容
1	确认自己的工作观
2	设定提升技能的目标
3	提升技能理解度
4	提升技能学习度
5	提升技能体会度
6	评价自我技能

───── 关键 ─────

一般来说，实施1次叫做"理解"

按照"理解"的技能进行重复实施，实施5次叫做"学习"

按照"学习"的技能进行重复实施，要达到目标需要反复
"学习"直到自己真正"体会"为止

4-3　确认自己的工作观（步骤1）

① 什么是工作观

虽然每个人每天都在努力工作，可是却有每天都在
成长的人和不能成长的人之分，也可以称之为"变化的
人"与"不变的人"。 他们之间的差异在哪里？ 这个问
题不简单，一般人认为是在于个人对工作的看法、态度
以及周边环境等等。

其中个人对工作的看法，即"工作观"最为重要。
"工作观"也可以称之为工作的目的和对自己工作职责的

083

看法。 虽然大家都在拼命工作，可是真正确立了"工作观"的人却不多。 所以大家可以利用读本书的机会，确认自己的"工作观"，并铭记在心，这对于想提升技能的人来说是非常重要的。

② 如何确认"工作观"

1）记录下自己重视的工作（职责）。

2）从公司和自身两个角度考虑工作的目的，并用自己的语言记录下来。

3）确认自己的贡献对象。在公司和自己两者中决定贡献对象的优先顺序，并记录结果。比如"实施不良品对策"的目的为"减少损失"，那么贡献对象首先为公司，其次为自己。而"积累经验"的贡献对象首先是自己，其次才是公司。

③ 总结工作观

参考以上内容，整理归纳自己的工作观。 表 4-2 中的"我的工作观"一例，就是在进行"工作观确认过程"的研修之后，个人写出的工作观内容。 工作观是提升技能的根基，每个人都要首先确认自己的工作观。

表 4-2　确认"工作观"的过程（例）

作用	目的	贡献对象	
		公司	个人
1. 达成产品质量目标的管理	制作出良好的产品，得到客户的信赖 理解达成目标的机制以及实施方法	① ②	② ①
2. 实施质量不良的对策	推行防止不良品再发生的方法，降低损失 亲身体验方法的实施过程	① ②	② ①
3. 指导教育部下	提高部下的能力，推进工作的顺利进行 通过提高部下能力，做好 OJT	① ②	② ①
4. 构筑良好的人际关系	在轻松的职场氛围内愉快地工作 积累打造人际关系的经验	① ②	② ①

我的工作观（例）

说实话，到现在为止我还没有确立明确的"工作观"，对我来说，"工作"就是养活自己和家人的手段而已。

工作很辛苦，其中有很多辛酸的事情，可为了养家糊口我坚持至今。

不过，完成一项工作之后，感到的成就感、充实感也是支撑我工作的另一个重要原因。如果工作进展困难，当时会觉得非常痛苦，不过胜利完成之后却会得到莫大的满足感。

另外，可能当时工作的时候没有觉察到，不过之后在做别的工作时，会发现积累的经验、教训已经成为自己的得力助手，直到这时，我才会切实感受到自己在成长。如此一来，我也对自己越来越有信心，干劲十足地投入下个工作中去。

这次我认真思考了自己的"工作观"，我发现自己很享受完成工作后的成就感，还有对自己成长的感受。

今后我将以更加积极热情的态度投入到工作当中。

组装科○○○

4-4　设定提升技能的目标（步骤 2）

① 如何设定提升技能的目标

设定提升技能的目标时，首先在能够防止不良品再发生的各种技能中选择自己想要理解、学习的内容。 然后给每个内容设定自己想要达到的目标，原则上以 10 分为满分。 最后规定目标达成期限，并作好记录。

② 提升技能内容的决定方法

这里讲述如何提升第 3 章中提到的防止不良品再发生对策。 我们可以从第 3 章中进行技能提升内容的选择，比如"典型性不良品的选定"、"作假设"和"重大事实"等等。

接下来，从"手法方面"和"思考方面"分别制作表格如表 4-3 和表 4-4 所示。 比如"防止再发生对策"和"设定质量目标"是手法方面的技术，而第 1 章中提到的"规格外不良与规格内不良"以及第 2 章中提到的"指导者对于不良品再发生的责任"等则是思考（思考方法）方面上的技术。 手法方面的技术需要理解、学习和体会，而思考方面的技术则只需学习即可。

③ 确定达成目标的期限

给选定的内容设定目标。 原则上以 10 分为满分，所以可以先写上"10",然后给出明确的达成期限。 比如说,"典型不良品的选定"理解度 10 的达成期限是 4 月 5 日。 接下来其他技术也同样需要规定明确的达成期限。 比如说,学习度 10 的达成期限是 4 月 15 日,体会度 10 的期限是 5 月 15 日,这样一个个规定并记录下来。 在考虑到学习时间的确保情况、指导体制、学习环境等的时候,都需要依次为理解度、学习度、体会度制定目标为 10 的达成期限。

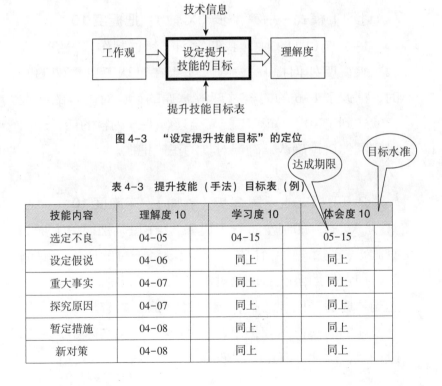

图 4-3　"设定提升技能目标"的定位

表 4-3　提升技能（手法）目标表（例）

技能内容	理解度 10		学习度 10		体会度 10	
选定不良	04-05		04-15		05-15	
设定假说	04-06		同上		同上	
重大事实	04-07		同上		同上	
探究原因	04-07		同上		同上	
暂定措施	04-08		同上		同上	
新对策	04-08		同上		同上	

表 4-4　提升技能（思考）目标表（例）

思考内容	理解度 10	学习度 10	
质量不良与生产错误	04-05	04-15	
不良品分类	04-06	04-17	
再发性和延展性的区别	04-07	04-21	
不良品再发生源自指导不力	04-08	04-23	

4-5　提升技能理解度（步骤 3）

① TT 模式——第 1 步（X 轴）：把握度 10

1-6 节（P11）中，我们学习了通过制作"质量不良表"来说明如何提升技术。 如果在确认不良事例的同时，精读了 1-6 的内容并理解掌握的话，对内容的把握度就达到了 10。 如果不能完全理解 1-6 内容的话，还可以和同伴讨论确认，确保对其的正确把握。

② TT 模式——第 2 步（Y 轴）：实施度 10

"实施"即制作质量不良表。 在正确把握第 1 步的基础上，选择一种自己在生产现场经历过的质量不良情况，把它作为自己的研究对象，记录到表中。 一般认为达到"理解"程度的话，就已经把握了内容，不过在提升技能的时候，需要把掌握的内容应用到实际中，并加以记录，这才是真正的"理解"。

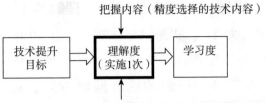

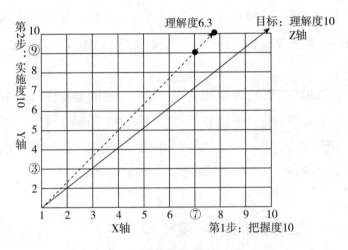

图 4-4 "提升理解度"的定位

表 4-5 质量不良表（参照 1-6 节）

质量不良名称（"2W2H"）		
5/9	防尘盖尺寸不合格	一台偏差-2mm
	作为个人模式记录下来	

③ TT 模型——目标（Z 轴）：理解度 10

把握度为 10、实施（完成）度为 10 时，对目标的理解度就达到了 10（第 1 步×第 2 步÷10）。 我们可以在技术提升目标表的达成期限右侧，记录下实践一次的期限（参照 4-8 节）。 假设把握度是 7、实施度是 9，那么理解度应为 6.3，此时距离目标理解度 10 差了 3.7，即为理解不足，需要延长期限，重新挑战。

如果在我们尚未真正把握事实的时候就开始实施，肯定会导致理解不足，而且之后的提升学习度也不能依照原计划进行。 所以我们一定要切实落实每个步骤，一点点地积累，才能在短期内实现技术提升。

4-6 提升技能学习度（步骤 4）

① TT 模式——第 1 步（X 轴）：反复度 10

与上节相同，我们以"质量不良表"为例进行说明。 首先假设步骤 3 的技术理解为 10，按照这个标准反复进行实践，并把结果记入质量不良表中。 这种反复实践就是第 1 步。 记录下来之后，与个人模式进行对比，确认技术内容（第 2 步）。 这样循环往复进行实践，每次都与做成的个人模式进行比较、确认。

② TT 模式——第 2 步（Y 轴）：确认度 10

对第 1 步进行反复实践，然后与个人模型对比，确认是不是跟常规一致，这种"确认"就是第 2 步。第 1 步与第 2 步需要交错重复进行，目标指向学习度10。 在反复实践的过程中，如果有疑问，就重新阅读一下本书内容或专业指导内容，或者与同伴讨论，加深理解。

如此反复实践 5 次，然后总结确认记录内容与制作质量不良表，通过这样的"总结确认"进一步加深理解。

③ TT 模式——目标（Z 轴）：学习度 10

通过 5 次反复实践和确认，学习度能达到 10，这时，需要在技术提升目标表中记录下达成期限。

如果反复度为 8、确认度为 3，则学习度为 2.4，这与学习度为 10 的目标之间有差距，得出的结论是"学习不足"。 此时，应该以 10 为目标再次进行挑战。 如果学习度已经达到了 10，接下来就需要提高体会度。 此外，我们尽可能在力求学习技术的同时，也学习到技术提升"TT 法"的思考方式和推进技巧。

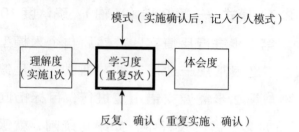

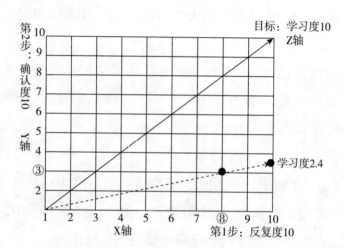

图4-5 "提升学习度"的定位

表4-6 质量不良表（2W2H）

质量不良表（2W2H）		
07-01	软管直径偏差	-1mm 2个
07-02	盖子凹陷部分有偏差	-2mm 3个地方
07-04	金属外形有偏差	+1mm 4台
07-06	圆环上附有清漆	微量 3个
07-07	齿轮咬合不良	有裂缝 10个

5次反复、确认，达到学习度10

4-7 提升技能体会度（步骤 5）

① TT 模式——第 1 步（X 轴）：反复度 10

如果通过步骤 3 理解度达到 10、通过步骤 4 学习度达到 10，那么可以按照基本标准，对选定的技术反复进行实践。

如果已经学习完技术，并且习惯了技术手法的话，那么短时间内就可付诸实践，个人对技术的兴趣也会随之不断提高，在达成目标之前，我们就可以集中精力、不断反复实践，并且不时与个人模式对比，确认实践是否按照标准进行。

② TT 模式——第 2 步（Y 轴）：达成度 10

如果选择了第 3 章中介绍的"防止不良品再发生对策的整体步骤"（参照 3-13）的话，则可以达到我们想要的质量目标不良率等等。通过管理资料（图表等）对达成状况进行把握。所以说，只要我们坚定目标，反复实施防止不良品再发生对策，就会得到满意的结果。如果未能在期限内达到目标的话，我们也可以再次设定目标期限，反复实践直至达标为止。目标的实现不仅使人感受到成就感和成长感，也会令人增添自信。

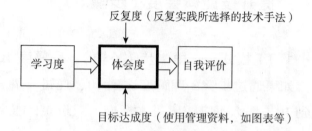

反复度（反复实践所选择的技术手法）

学习度 → 体会度 → 自我评价

目标达成度（使用管理资料，如图表等）

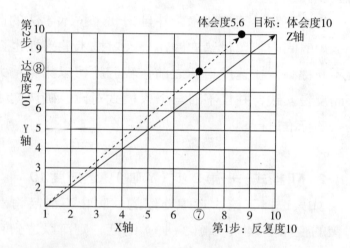

体会度5.6　目标：体会度10

第2步：达成度⑧10　Y轴

Z轴

X轴　⑦

第1步：反复度10

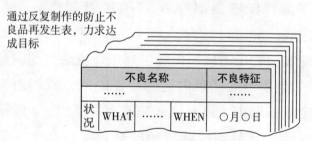

通过反复制作的防止不良品再发生表，力求达成目标

	不良名称		不良特征
	······		······
状况	WHAT	······ WHEN	○月○日

图4-6　"提升体会度"的定位

094

③ TT 模式——目标（Z 轴）：体会度 10

如果反复度和达成度都为 10，目标体会度就达到了 10。 而如果反复度为 7、达成度为 8，则体会度只能达到 5.6，属于体会不足。 现实工作中业务繁忙，体会度时有不足，不过如果彻底贯彻"TT 法"，肯定能达到既定目标。 因为反复实践可以促使在短时间内将对策付诸实践，同时，由于防止不良再发对策顺利进行了，个人兴趣也被培养起来。 绝对不能半途而废，目标坚定指向 10，才能实现目标。

4-8 对技能的自我评价（步骤 6）

① 反复度

将自己通过反复实践制作的流程表，与标准表进行对比和确认。 比如假设在做成"防止不良品再发生表"之前反复进行了 30 次实践活动。 这时就需要确认这 30 次实践是否都按照基本标准进行。 如果完全按照基本标准进行的话，则反复度为 10，如果其中有 3 个不合格，则反复度为 9，此时需要重新审视实践内容，进行修正，直至达到 10。

② 达成度

这里指的是品质标准的达成度。 如果设定的目标不良率为 3%，而实绩也为 3%，则达成度为 10；可如果当初设定的达成期限为 5 月 15 日，不良率为 4%的话，则这个结果就算未达成，此时就要重新设定、延长达成期限。即在未达成的情况下，可以延长期限，以达成度 10 为目标，反复继续实践，不过此时的前提条件是体会度为 10。

③ 体会度

如果反复度和达成度都为 10，则目标体会度也为 10。

以上是利用"TT 法"提升技能的思考方式和步骤。"TT 法"是我通过在企业内部的常年实践研制开发出的一种 OJT 法。一般来说，虽然大家知识准备方面充足，却体会不足，最终流于虎头蛇尾的不平衡状态。而通过"TT 法"确立适合自己提升技术的方法，会成为自我实现的强大武器。灵活使用"TT 法"，不仅可以更好地理解本书内容，对于其他书中介绍的知识也会加深理解，有利于学习技术，融会贯通。如果在实践中活用"TT 法"的思考方式，不仅仅能够提升业绩，还可以实现"成果"与"成长"的双赢。

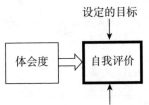

图 4-7　自我评价的定位

表 4-7　技术（手法）成长目标（例）

防止再发对策	理解度		学习度		体会度	
选定不良	4/5	10	4/15 · 4/20	10	5/15 · 5/15	10
设立假说	4/6	10	同上 · 同上	10	同上 · 同上	10
重大事实	4/7 · 4/9	10	同上 · 同上	10	同上 · 同上	10
探究原因	4/7 · 4/9	10	同上 · 同上	10	同上 · 同上	10
暂定措施	4/8 · 4/10	10	同上 · 同上	10	同上 · 同上	10
新对策	4/8 · 4/11	10	同上 · 同上	10	同上 · 同上	10

<　　延期>　　　　　　<达到计划目标>

注：期限中，左侧为目标期限，右侧为达成期限在指出不恰当点与改善不恰当点的时候，需要延长达成期限

第 5 章
防止不良品再发生的课题研究手法与思考方式

5-1　课题研究会的目的与作用

① 课业、课题的区别，课题研究会的作用

"生产指导"是指一般性课业（工作的一部分），而针对于此的"生产指导法"被称为"课题"。 研究会成员一起讨论"生产的指导方法（方式）"，并把其结果总结成文，变成指导性方法，这就是课题研究会的作用。

以"防止再发对策"为主题，"防止再发对策法"则为课题，需要在课题研究会上讨论解决。 因为"有主题的地方就有课题"，所以只要生产现场有主题，就会存在无数需要研究的课题。

② 主题活动与课题研究的目的

作为主题活动的生产指导，其首要目的是提高生产效率、减少不良品，简单来说就是"提高业绩"。 另一方面，研究生产指导法的首要目的是：通过在活动过程中交换信息、取长补短，实现"个人成长"。 而课题研究结果当然就是提高业绩。 因此需要充分理解主题和课题的目的，推进生产活动的进行。

③ 课题研究会的 4 大条件

1）选择成员——选择有课题相关经验的人员和对课题感兴趣的人员。为方便讨论的进行，人数设定在 5 人左右比较合适。

2）在一定期间内，定期举行活动——制定计划，把 1 个课题的期限定在 2~3 个月，每周举行 1 次活动，大家协作进行。

3）自主设定活动规则——设定每个人需要承担的责任、活动日期、实践、领导者、活动方式等。

4）达成共识——课题研究后，需要大家对生产现场的情况，成员的情况，尤其是对课题达成共识，方便推进以后的活动。

表5-1　课业与课题的关系

课业	课题
生产的指导	生产的指导方法
防止再发生对策	防止再发生对策的方法
分析数据	数据分析法

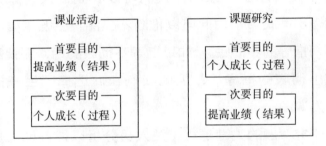

图 5-1　课业活动与课题研究的目的

参加成员 ·············适合课题的成员5名左右

在一定期间，定期举行活动 ······每个课题2～3个月，每周做1个计划

自主设定活动方式 ·······责任到人、活动日期、时间、领导者、活动方式

达成共识 ·············课题研究后，对课题达成共识

图 5-2　课题研究会的 4 大条件

101

5-2 如何选择课题

① 分析"防止不良品再发生对策表"

首先选定课题。 在这里举个例子——日常性质量不良品的防止再发生对策，在 3 个月内实施了 80 次，我们通过对这个结果的分析选定课题。 从对策表中，分析这 80 次不良品发生的原因，我们可以看到最大的原因是"指导不彻底"。 由此可以推断不良品发生的主要原因是生产指导的不彻底。 如果指导不彻底的话，那就需要研究出彻底的指导法，因此我们在此选择"生产指导法"为课题。

研究课题的关键是：相关人员分析以往各种防止不良品再发生的对策，根据效果进行选定。

② 责任分担方面的问题

选定课题之后，生产现场的管理者就如何贯彻执行提出问题，并归纳整理。 随后管理者把问题分类，商讨每人需要承担的不同责任。

分担责任后，需要对发生的问题进行思考、商讨，找出每个问题的责任人。 比如针对"员工积极性低，指导需要花费很多时间"这一问题，直接责任人应为员工。 不过管理者在商讨的时候，如果得出提高员工的积

极性也是领导责任的结论，且这一结论也被大家接受的
话，这时责任人从员工转为领导者，成了管理者的问
题，需要管理者负责解决。 通过这样不断修正认识，最
终明确责任人。

　　大家通过商讨，提高管理者自责意识，使得"确保
指导时间的方法"成为课题，开始组织研究活动。 另
外，选择课题的关键是：由责他意识向自责意识的
转变。

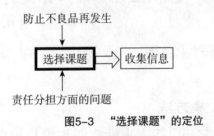

图5-3　"选择课题"的定位

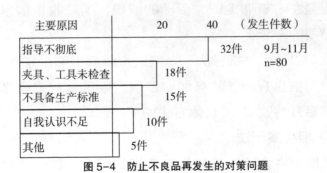

图 5-4　防止不良品再发生的对策问题

103

表 5-2　责任分担方面的问题——责任者（件数）

责任　　　　问题	繁忙、没有实践指导	得不到成员的配合	无法沟通
上司	4→0	1→0	2→0
领导者（责任人）	12→19	7→16	7→11
员工	3→0	8→0	2→0

※（当初）→（修正）

注：实际操作中可使用模造纸，记录下具体问题，进行讨论分析

5-3　收集有用信息

① 信息收集方法

选择课题之后，接下来就需要收集相关信息了。 信息的质量左右着课题研究活动的成果，所以收集信息是非常重要的一步。

我们以"生产指导法"为例进行解释说明。 首先从收集内部信息开始，从参加课题研究会的成员、生产现场的信息开始收集。 具体方法如下：

1）相互演示法

按照研究会成员所属生产现场的顺序，每个成员为大家演示自己日常工作中使用的生产指导法，以此收集大家的信息，这种相互演示可以称作是现场学习会，需

要观看者记录下表演者使用的指导方法，以便观后发表
感想、进行讨论、加深理解。

2）直接询问法

从经验丰富之人那里直接询问其技能方法，并记录
下所听内容，向各个问题责任人确认，以提高信息的
质量。

3）信息发掘法

公司内部肯定隐藏不少跟课题有关的资料，这些都
是前辈们辛勤劳作的结晶，非常珍贵，需要研究会成员
精心发掘。

② 从外部收集信息

如果内部资料不足的时候，就需要研究会成员从外
部收集资料，弥补不足。外部包括：其他科室、工厂、
国内外相关公司等。

以上述信息收集法为基础，与其他成员通力合作，
推进课题研究顺利进行。

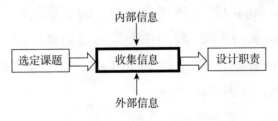

图 5-5　收集信息的定位

105

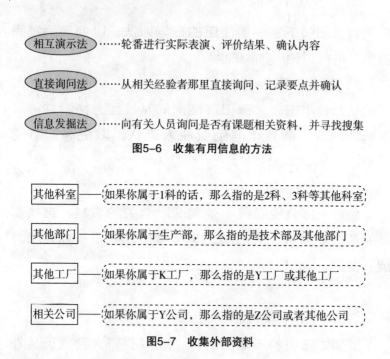

相互演示法 ……轮番进行实际表演、评价结果、确认内容

直接询问法 ……从相关经验者那里直接询问、记录要点并确认

信息发掘法 ……向有关人员询问是否有课题相关资料，并寻找搜集

图5-6　收集有用信息的方法

其他科室 —— 如果你属于1科的话，那么指的是2科、3科等其他科室

其他部门 —— 如果你属于生产部，那么指的是技术部及其他部门

其他工厂 —— 如果你属于K工厂，那么指的是Y工厂或其他工厂

相关公司 —— 如果你属于Y公司，那么指的是Z公司或者其他公司

图5-7　收集外部资料

5-4　根据"123"法设计职责

①　"123"法的推行方法

前面我们已经搜集了许多重要的信息以及小组成员的各种想法，接下来我们在重视这些信息与想法的基础上，设计与课题相关的职责。下面，我们以"跟踪指导法"为例，介绍"123"法。

<步骤1>列举职责

我们以收集的信息为参考，让小组成员充分讨论与

106

跟踪指导有关的各种职责。 记录人员记录下所有的发言
内容。

<步骤 2>评价职责

小组成员讨论、思考列举的有关职责，并从实施性
与效果两方面来进行评价。 如果没有实施性的话，记作
△，然后进行修正，尽量达到○。 如果有效果的话，无
论效果大小，都可以记作○，最后把想要采用的职责记
作◎。 我们可以通过这个评价的过程加深理解，达到全
体成员意见一致。

<步骤 3>总结职责

以步骤 2 得到的评价结果为基础，使用通俗易懂的
语言表述步骤 1 中列举出的职责内容。

以上步骤被称为 "123" 法，如果想要在短时间内得
出讨论结果、学习各种技术、提高生产活性化的话，这
个方法很重要。

② 职责的设计与评价（5 阶段法）

职责的设计与评价是指对集中起来的职责进行总体
评价。 评价的时候可以采取 5 阶段评价法，非常好为
5、普通为 3、不可能为 1。 首先需要成员自己进行自我
评价，然后互相听取评价结果。 如果评价重点有不同的
话，则需要确认原因。

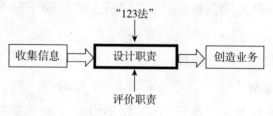

图 5-8　职责设计的定位

表 5-3　"123 法"的推进方法

课题：强化跟踪指导

	①列举职责	②实现	效果	③总结职责
(1)	确定跟踪指导的时间	○	◎	每日 2 次进行跟踪指导
(2)	确认生产以及跟踪指导	○	◎	观察、指导生产方法
(3)	明确确认规格的方法	○	◎	确认生产规格、进行追加跟踪指导
(4)	提升指导者的指导技能	○	○	
(5)	有计划地训练生产技能	○	◎	对生产技能进行评价与指导
(6)	给生产人员提供质量信息	○	○	

表 5-4　职责设计及评价（5 阶段法）

	职责内容	评价职责					顺序
		1	2	3	4	5	
1	每日进行 2 次跟踪指导			●			2
2	观察生产方法，并进行指导		●				1
3	确认生产规格并进行追加指导				●		3

108

5-5 通过"4W1H"法进行业务创造

① 什么是"4W1H"法

我们已经决定了关于课题的职责内容，接下来就需要对这些职责进行讨论，进一步明确。 现在我们讲解在"观察、指导生产方法"方面如何使用"4W1H"法进行业务创造。

> WHO（谁对谁）：领导对一个工作人员
> WHEN（时间）：每天上午10点到下午3点
> WHERE（地点）：生产现场
> WHAT（生产对象）：担当者所进行的整体生产过程
> HOW（手段）：与标准的生产步骤、各项标准进行对比，直接观察实际生产情况

使用"4W1H"法明确每个职责，与小组成员商讨决定每个职责内容，并作好记录。 这些记录是下一步制作各类表的信息来源，所以记录时，一定要遵循简单明了的原则。

② 实际演习，加深相互理解

光纸上谈兵还不够，需要各个成员交替演习业务内容。 在实际演习的基础上，再通过"4W1H"法进行确认，如有必要则需要修改业务内容。 不过由于记录也有

一定的局限性，所以记录不了的部分还需要各个成员发挥能力，保证实际演习顺利进行。

这样，通过小组成员交替进行演练，对确认、充实业务内容很有帮助。另外，实际演习之后，大家可以互相提出意见，取长补短，以便提高业务质量。通过这一过程，还可以创造出在一般书中学不到的职场特殊知识。

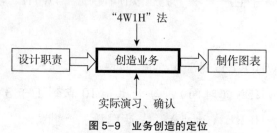

图 5-9 业务创造的定位

表 5-5 业务创造"4W1H"

WHO	谁	实施人、对象
WHEN	时间	实施日期、时间
WHERE	地点	实施地点、位置
WHAT	作业对象	实施对象、范围
HOW	方法	实施方法、手段

表 5-6 通过实际演习确认内容(例)

实际演习人员	实际演习内容	成员的评价
山田	观察、指导生产方法	不要站在生产人员的旁边，而是要站在前面进行观察
铃木	评价、指导生产内容	不要只测定 1 次，要测定 5 次，然后取平均值

110

5-6　制作业务手册

① 整理相关信息与制作样式表

在制作业务手册之前，必须明确与业务相关联的信息及其内容。 信息是指进行业务时的注意事项、在业务中使用的资料等。 此外，过去的失败事例、经验教训也是一种信息，对我们有指导作用。 所需信息需要根据生产现场实际情况确定，灵活使用小组成员的经验，收集、整理信息。

在此基础上，我们就可以着手为业务手册制作具体的表格了。 表格样式可以根据业务用途，在研究会上经过小组成员的充分讨论后决定。

小组成员对于业务相关信息的整理和表格样式的讨论过程非常重要。 在此过程中所达到的小组成员之间相互启发的效果，才是以个人成长为第一目的的课题研究会的意义所在。

② 制作业务手册

使用表格样式、活用收集起来的各种信息，制作业务手册。 一边确认步骤、职务名称、业务内容、注意事项、使用资料等各项信息，一边作记录。

表 5-8 为 "跟踪指导" 表的一部分。 实际的业务手

111

册应使用 A4 大小的表格，详细记录业务内容和注意事项，以方便生产指导时使用。 记录的方法程度则需要根据生产情况进行确定。

当然，制作手册不是最终目的。 通过 OJT 体会、学习技能更为重要。 业务手册可以作为推动 OJT 的教科书。

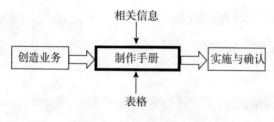

图5-10 "图表"的定位

表 5-7 相关信息项目

项目	要点说明
职责目的	明确目的，提高使命感
使用资料	实施业务时使用的资料以及各种表格
注意事项	为了顺利推进业务，需要注意的内容
失败事例	最近具体的失败事例

表 5-8　业务手册（例）

课题：强化跟踪指导

目的：更快学习作业技能，尽早发现异常，降低错误率，减少损失				
步骤	职责名称	业务内容	注意事项	使用资料
1	对各项标准的理解	（略）	直接确认不明确点	生产标准书
2	观察生产方法		按照步骤集中进行	同上
3	把握生产技能		重点指导作业要领	标准时间
4	确认生产规格		把握不良事例	生产标准书
5	适当进行的再指导			

注：记录业务内容和注意事项的时候，用语要简单易懂

5-7　测试的实施与确认

① 教授方法四阶段

业务手册只有应用在实际的生产过程中，才能真正发挥作用，所以我们将手册制作出来后，需要立刻进行测试。这时需要用到下面将要提到的"教授方法四阶段"。

<第 1 阶段>赋予动机

向大家传达实施测试的主旨，介绍在课题讨论会上讨论制定的经过，以取得他们的理解与支持。

<第 2 阶段>指导者进行演习和说明

指导者使用业务手册，按照步骤进行实际演习，并说明业务的重点。 对于每个项目都要反复进行说明及内容确认。

<第 3 阶段>担当者的实施以及指导者的确认

为了正确反映手册内容，需要按照标准实施。 一般来说，反复实施 5 次，才能正确把握业务内容。

<第 4 阶段>跟踪指导

如果我们判断可以实施了，就发出实施指示。 之后，需要定期确认实施状况，进行跟踪指导。

② 活用"跟踪指导表"

我们每天都简单记录下跟踪指导的结果。 只有确认了记录结果，才能实际感受到跟踪指导带来的成果。 然后小组成员互相汇报跟踪指导的结果，对课题研究会的成果达成共识。 另外，当业务手册已经不能满足需求，需要更为详细全面的内容时，就要制作"业务技能合集"。 制作这个合集的时候，小组成员的活动记录就成为了宝贵的信息来源。

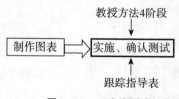

图 5-11 "实施测试以及确认"的定位

114

表5-9　6月2日~6日第3工程跟踪指导表

担当:山田

日期	观察			对话	测定		询问
	方法	技能	规格	指导内容	(50) (秒)		对策内容
06-02	△	○	○	对红色、绿色导线安装顺序错误进行指导	1	50	说明理由
					2	56	
06-03	△	○	○	尖头钳操作方法不稳定(对基本操作重新指导)	1	53	第2工程导线处理不良
					2	52	
06-04	○	○	○		1	55	
					2	50	
06-05	○	○	△	标签位置错误	1	52	说明规格
					2	50	
06-06	○	△	○	烙铁顶部有污渍	1	55	没有做好烙铁顶部的准备工作(即刻补充)
					2	56	

第1阶段　赋予动机

➡ ①仔细说明课题研究会的经过
➡ ②实施测试,如有不明白的地方欢迎提问

第2阶段　指导者进行实际演习、说明

➡ ①仔细演习实施内容,大家共享实际演习内容
➡ ②按照步骤切实推进演习并详细说明解释

第3阶段　担当者的实施以及指导者的确认

➡ ①按照步骤进行实施确认
➡ ②按照步骤顺序重复进行5次实施并确认

第4阶段　跟踪指导

➡ ①指导操作人员按照标准操作,对不明白的地方进行提问
➡ ②跟踪实施结果,表扬做得好的地方,提醒注意不足之处

图5-12　实际演习法与教授方法四阶段

115

第 6 章
如何防患于未然

6-1 预防生产中断产生的 "粗心不良品"

本章将针对 12 种不良品现象，分别说明其预防
方法。

① 什么是"粗心不良品"

生产中断后，发现其实生产尚未完成，由此产生的
不良品称为"粗心不良品"。比如大约每半年就能在顾
客那里发现遗忘了切削螺纹，或者是进行暂时性焊接之
后忘记进行永久性焊接等，这些都属于"粗心不
良品"。

② 重大事实——生产中断

要想把握生产中断的"重大事实"，单靠观察太浪费时间，需要采取询问法。 生产中断的理由很多，比如说，休息时忘记最后确认螺钉锁就停止了生产，或者停工时还有一处没做完等，生产中断的理由有很多，需要认真向工作人员询问。

③ "粗心不良品"的产生原因

休息、早退、停工等都会导致作业中断，而如果不打算减少中断几率，或者生产中断时没有相应对策以及对策指导不足等，都可能产生"粗心不良品"。

④ 生产中断时的对策

首先是要防止作业中断。 工期短的话，就等到全部工作做完后再休息；工期长的话，则应该把工作结束点写在醒目的位置，以保证再次开工时，工作得以继续顺利推进。

⑤ 防止中断的效果

如果每个人都能彻底执行中断对策，就可以预防"粗心不良品"的产生。 对策应在"踏实"、"执着"、"熟悉"这三大原则下进行。

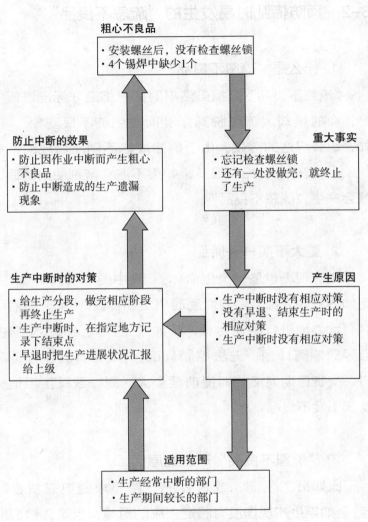

粗心不良品
· 安装螺丝后，没有检查螺丝锁
· 4个锡焊中缺少1个

防止中断的效果
· 防止因作业中断而产生粗心不良品
· 防止中断造成的生产遗漏现象

重大事实
· 忘记检查螺丝锁
· 还有一处没做完，就终止了生产

生产中断时的对策
· 给生产分段，做完相应阶段再终止生产
· 生产中断时，在指定地方记录下结束点
· 早退时把生产进展状况汇报给上级

产生原因
· 生产中断时没有相应对策
· 没有早退、结束生产时的相应对策
· 生产中断时没有相应对策

适用范围
· 生产经常中断的部门
· 生产期间较长的部门

图 6-1　防止中断的流程图

119

6-2　预防慌乱时易发生的"疏忽不良品"

① 什么是"疏忽不良品"

"疏忽不良品"是指虽然平时都严格遵守标准进行生产，有时候却因疏忽脱离标准而发生的不良现象。 例如，组装马达的时候，由于销栓规格不同而造成的不良现象。 类似的销栓有很多，如果不注意辨别使用的话，就会产生"疏忽不良品"。

② 重大事实——慌乱

生产现场也是一个生命体。 其中的"重大事实"，比如突然缺人都会导致慌乱而引发不良。 比如，虽然可以有计划地进行中途休息，可如果生产人员突然生病就会导致偏离计划，无法控制局面。 或者有时候订购剧增、交货日期突然临时提前至今天，而导致员工手忙脚乱，引发不良品。

③ "疏忽不良品"产生的原因

比如员工生病、或者客户突然要求变更交货日期等。 如果生产现场没有制定相应的对策，当这些情况发生时，就会产生"疏忽不良品"。

120

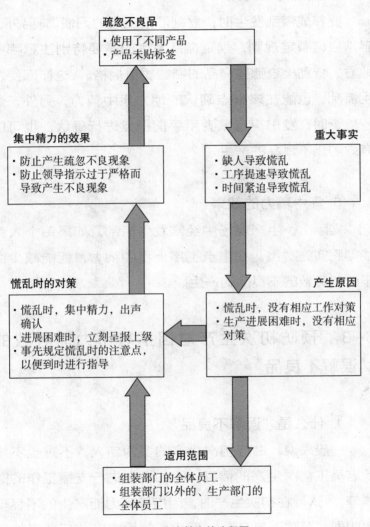

疏忽不良品
· 使用了不同产品
· 产品未贴标签

集中精力的效果
· 防止产生疏忽不良现象
· 防止领导指示过于严格而
  导致产生不良现象

重大事实
· 缺人导致慌乱
· 工序提速导致慌乱
· 时间紧迫导致慌乱

慌乱时的对策
· 慌乱时，集中精力，出声
  确认
· 进展困难时，立刻呈报上级
· 事先规定慌乱时的注意点，
  以便到时进行指导

产生原因
· 慌乱时，没有相应工作对策
· 生产进展困难时，没有相应
  对策

适用范围
· 组装部门的全体员工
· 组装部门以外的、生产部门的
  全体员工

图 6-2　集中精力的流程图

121

④ 慌乱时的对策

要养成慌乱发生时，立刻汇报上级的习惯。 另外，平常应该制定规则，规定慌乱发生时需要特别注意哪些地方、特别检查哪些产品的哪些质量规格。 这样即使发生慌乱，也能在该重点确认的地方集中精力，另外，进行检查时，发出声音或者用手指指点进行确认，也可以有效防止不良品的产生。

⑤ 集中精力的效果

实际上，生产现场中经常发生慌乱，如果每个人都能彻底实施对策，在重点工序上集中精力，就能减少由于疏忽导致的不良品的产生。

6-3 预防初次生产时因指导不力而导致的"误解不良品"

① 什么是"误解不良品"

一般来说，进行初次生产的多为新人，不过也不排除老员工初次生产的情况，比如说在进行支援工作的时候等。 这种在初次生产时，因指导不力而产生的不良现象叫做"误解不良品"。 像出现销栓左右装反或者加工尺寸偏差时，都属于"误解不良品"，有时候可能会导致产品的重大缺陷，需要特别注意。

122

② 重大事实——初次生产指导不力

"误解不良品"的"重大事实"为培训新人时教导错误。 比如只教给新人生产内容，却没教给他生产规格标准，或者机械、夹具的正确操作方法，以及发生异常现象时的对策。

③ "误解不良品"产生的原因

如果没有"教授方法四阶段"（5-7 节）、没有新人用的指导纲领，或者指导方法不成熟，都可能导致"误解不良品"的产生。 其中不具备符合生产现场的指导纲领是最重要的原因。

④ "误解不良品"的对策

初次教导新员工时，经常发生这种教导不力的现象，而如果有指导纲领的话，就可以高枕无忧了。 指导纲领可以在第 5 章"课题研究活动"的指导下进行，也可以从"跟踪指导手册"中选择适合自己工作现场的内容来制定，然后以学习提高指导水平为目标，有计划地进行训练。

⑤ 亲切指导的效果

公司内部互相帮助的机会很多， 对职场新人进行耐心细致的教导，可以有效防止因指导不力而产生的不良品现象。

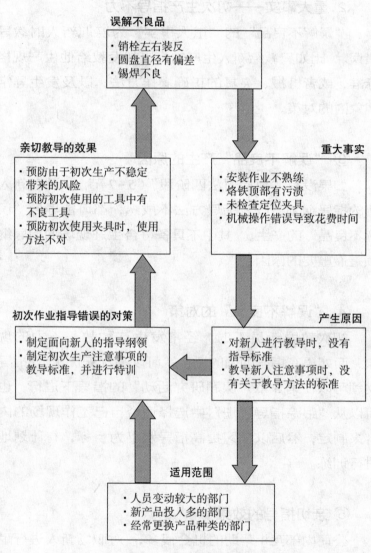

误解不良品

· 销栓左右装反
· 圆盘直径有偏差
· 锡焊不良

亲切教导的效果

· 预防由于初次生产不稳定带来的风险
· 预防初次使用的工具中有不良工具
· 预防初次使用夹具时，使用方法不对

重大事实

· 安装作业不熟练
· 烙铁顶部有污渍
· 未检查定位夹具
· 机械操作错误导致花费时间

初次作业指导错误的对策

· 制定面向新人的指导纲领
· 制定初次生产注意事项的教导标准，并进行特训

产生原因

· 对新人进行教导时，没有指导标准
· 教导新人注意事项时，没有关于教导方法的标准

适用范围

· 人员变动较大的部门
· 新产品投入多的部门
· 经常更换产品种类的部门

图6-3　亲切指导流程图

124

6-4 预防因不理解导致的"一意孤行不良品"

① 什么是"一意孤行不良品"

同时生产制作多种产品的时候，会对生产中经常使用到的机械、夹具的操作、生产内容、使用的零部件等产生这样的疑问："我这么做对吗？"这时，如果对此问题不求甚解，继续按照自己的理解进行生产的话，就有可能导致不良现象发生，可称之为"一意孤行不良品"。

② 重大事实——不理解

发生"一意孤行不良品"之后，向当事者询问原因时，通常会得到以下答案："我觉得这样做可以……"、"和以前生产时在同一位置……"正因如此，当事者如果在一知半解、不求甚解的情况下继续生产，就会导致不良品的产生。

③ 针对"理解错误不良"的对策

指导者将生产人员在生产中有疑问的地方、迷惑的地方整理成"疑问表"，事先进行说明，同时制定相关对策进行对应。 另一方面，指导者需要定期跟踪指导，询问生产人员是否有不明白的地方。

④ 询问的效果

感觉自己一知半解的时候需要询问身边的同事，这样在安装规格容易出错或者相似的零部件时，把握性会更大。 另外，同事之间经常交流、讨论也会促使生产现场气氛好转。

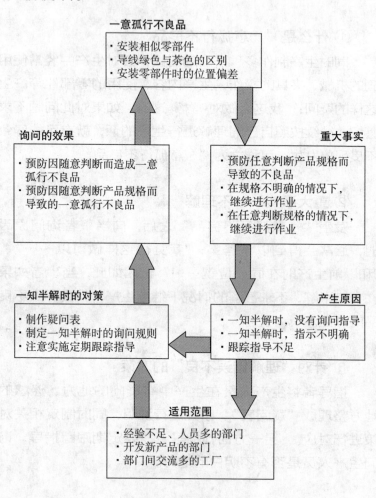

图 6-4　询问效果流程图

6-5　预防身体状况不佳产生的"注意力不集中不良品"

① 什么是"注意力不集中不良品"

平常小心谨慎、不会出错的人因为意外注意力不集中而导致的不良品，称之为"注意力不集中不良品"，比如颜色相近的导线装反、尺寸测定错误而导致的不良品等。

② 重大事实——身体状况不佳

仔细观察发生"注意力不集中不良品"的现象工程、向当事人听取意见、把握重大事实时，会发现导致此不良现象发生的重要原因是：身体状况不佳。比如："感冒发烧，头有点晕"、"昨晚加班到很晚，导致今天注意力不集中"等。这样的事情估计大家都遇到过。

③ "注意力不集中不良品"的产生原因

身体状况不佳这件事谁都无法抗拒。即使本人平时很注意保养身体，也不可避免。而解决方法除了发生不良现象时的积极应对，似乎也没有其他更好的方法。因此，此不良现象产生的主要原因就是"没有有效的应对方法"。

127

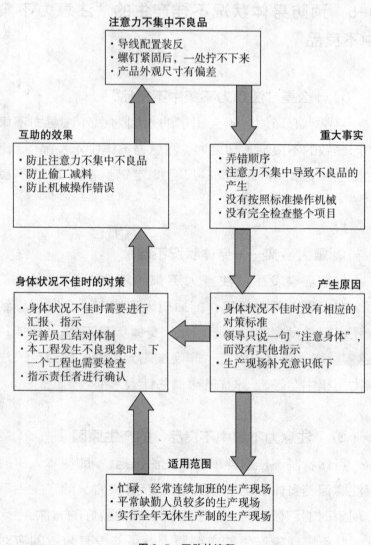

注意力不集中不良品
- 导线配置装反
- 螺钉紧固后，一处拧不下来
- 产品外观尺寸有偏差

互助的效果
- 防止注意力不集中不良品
- 防止偷工减料
- 防止机械操作错误

重大事实
- 弄错顺序
- 注意力不集中导致不良品的产生
- 没有按照标准操作机械
- 没有完全检查整个项目

身体状况不佳时的对策
- 身体状况不佳时需要进行汇报、指示
- 完善员工结对体制
- 本工程发生不良现象时，下一个工程也需要检查
- 指示责任者进行确认

产生原因
- 身体状况不佳时没有相应的对策标准
- 领导只说一句"注意身体"，而没有其他指示
- 生产现场补充意识低下

适用范围
- 忙碌、经常连续加班的生产现场
- 平常缺勤人员较多的生产现场
- 实行全年无休生产制的生产现场

图6-5　互助的流程

④ 身体状况不佳时的对策

身体状况不佳也分为很多种，需要相关人员"注意观察工作人员的状况，一旦感觉不对劲，就要立刻询问对方"。 另外还需要制定规则，要求本人身体不适时要立刻汇报，或者同事之间互帮互助完成工作。

⑤ 互帮互助的效果

面对"注意力不集中不良品"不能掉以轻心，如果能制定硬性规则，就可以减少因此导致的不良现象。 另外，同事间互帮互助，可以建立良好的人际关系，促进职场良好氛围的形成。

6-6 预防因异常情况不汇报而导致的"逃避不良品"

① 什么是"逃避不良品"

员工发现了工程中的异常状况，却没有进行汇报，而是尽量逃避，因此造成的不良品称为"逃避不良品"。包括：没有汇报机械异常，而导致加工尺寸不统一，或者虽然发现了购买的螺钉质量不合格，却没有及时汇报，而导致螺栓紧固力不够等。

129

② 重大事实——没有汇报

主要是工程中的 "2M"（MACHINE、MATERIAL）发生了异常，比如机械状态不佳却仍继续使用、订购的零部件尺寸与平日不同，虽然觉得有些奇怪，却也没有太在意而继续使用等等。结果影响了作业进程，产生了"逃避不良品"。

③ "逃避不良品"产生的原因

首先，是对应汇报的异常内容指导不足。主要产生原因有以下几种：与昨天相比，机械稍微有些不对劲，与之前相比，零部件品质有些细微差异等等这些不太明显的异常情况也能导致不良品的产生。另外，发现异常时，没有明确的汇报规则，也会成为不良品产生的原因。

④ "不汇报"的对策

首先制作"异常情况汇报表"，相关人员人手一份，记录下生产现场的细微不同，比如，机械振动的异同、零部件没有按照平常一样安装等。另外，还需要规定异常状况发生时的汇报规则，并彻底执行。

⑤ 及时汇报异常情况的效果

相关人员每人持有一份异常汇报表，并且发现异常

130

都及时汇报，才能有效防止"逃避不良品"的产生。 生产现场是不良品产生的地方，如何选择对策、对策的巧妙与否都左右着产品的质量。

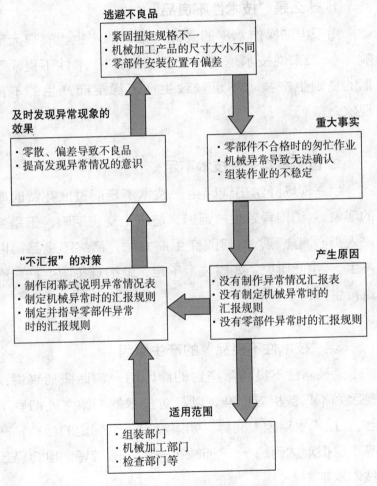

图 6-6 及时汇报异常情况的流程图

131

6-7　预防因技能学习不足而导致的"技术性不良品"

①　什么是"技术性不良品"

由于电脑操作水平的高低对错误的产生也有很大影响。 一般来说技术越高，错误越少。"技术性不良品"指的是因生产技术不足导致生产不稳定而产生的不良现象。

②　重大事实——技术不足

生产现场经常出现因生产技术不足而过度花费时间的现象。 结果导致生产延迟，赶不上交货期限，于是生产人员心情焦躁，擅自改变生产方法，最终不良品得以产生。 由此可见，如果技术不足，就很难按照生产标准进行生产。

③　"技术性不良品"的产生原因

"技术性不良品"产生的原因用一句话概括来说，是因为不具备相应标准，以及对技术的细微之处指导不够。 技术水平因人而异，如果没有一个固定的标准，产品质量很难达到统一。 而缺少一对一的指导，也会导致技术水平不一。

132

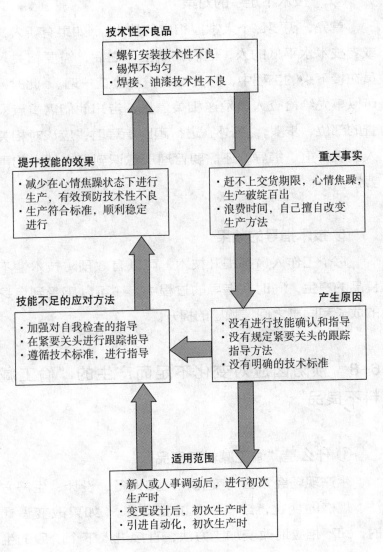

图 6-7　提升技术流程图

④ "技术不足"的对策

首先，需要每个人掌握相应的技术。 如果有新人，或者技术水平低的人，他们完成工作之后，需要相关人员在接下来的工程中，对关键点重新检查一遍。 此时，可以事先给检查人员发送相关信息，告知他们需重点检查的部位、步骤。 另外，进行跟踪指导时，应该对相关人员进行重点指导，还需要管理层意识到提高技术的重要性。

⑤ 技术指导的效果

每个工作人员都提升技术，可以有效预防技术性不良品的产生，同时在指导的过程中，还可以感受到自身的成长和同事之间信赖感的提升。

6-8 预防因应对变化不足而产生的"偷工减料不良品"

① 什么是"偷工减料不良品"

生产现场经常会有变化，比如设备、设计、生产方法、规格的变化，或者人员的变动等。 如果改变设计时，却不相应地改变加工方法，直接进入下个阶段的生产，就会造成不良现象的产生，这叫做"偷工减料不良品"。

134

② 重大事实——应对不足

按照旧的标准进行生产，使用旧的零部件组装成品，在公司内部检查不出，可到了客户手里却发现了问题。

③ "偷工减料不良品"产生的原因

我们不能期待生产流程一成不变，产生原因为：设备、设计、作业方法、规格发生变化时，没有明确指出变化点，或者其他部门得知变化时，却不具备变更的应对机制。

④ "应对不足"的对策

变更分为两种情况，一种是本部门内部的变更，另一种是其他部门的变更。其他部门发生变更时，需要本部门相关责任人确认变更内容、制作变更表，并通知其他成员。而本部门发生变更时，就要对信息的联络和标准的维持制定相应规则。

⑤ 积极应对的效果

在生产现场多变的情况下，只有通过各部门之间的通力协作，才能防止发生"偷工减料不良品"现象，从而提高技术信息、制造信息等心理管理水平，以便顺利推进业务。

135

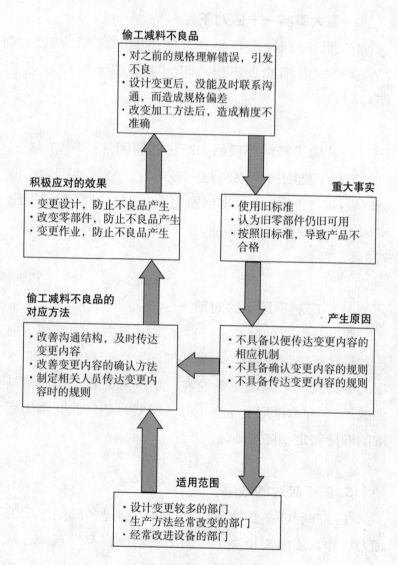

偷工减料不良品
· 对之前的规格理解错误，引发
  不良
· 设计变更后，没能及时联系沟
  通，而造成规格偏差
· 改变加工方法后，造成精度不
  准确

积极应对的效果
· 变更设计，防止不良品产生
· 改变零部件，防止不良品产生
· 变更作业，防止不良品产生

重大事实
· 使用旧标准
· 认为旧零部件仍旧可用
· 按照旧标准，导致产品不
  合格

**偷工减料不良品的
对应方法**
· 改善沟通结构，及时传达
  变更内容
· 改善变更内容的确认方法
· 制定相关人员传达变更内
  容时的规则

产生原因
· 不具备以便传达变更内容的
  相应机制
· 不具备确认变更内容的规则
· 不具备传达变更内容的规则

适用范围
· 设计变更较多的部门
· 生产方法经常改变的部门
· 经常改进设备的部门

图 6-8　积极应对的流程图

136

6-9 预防因放任错误不管而导致的"放任不良品"

① 什么是"放任不良品"

一般来说,这种质量不合格现象在本工程中发现时还是"操作错误",在下个工程中就会变成"不良品"。如果在"操作错误"阶段能采取措施,就能避免不良品的产生。

其中,由零部件安装错误、图片不清晰而造成尺寸错误引发的不良,都是"放任不良品"。

② 重大事实

如果认真反省本工程的话,每个人都会发现自己做过放任错误不管的事情,比如没有确认零部件号码、没有认真遵循生产注意事项等。如果放任这样的错误不管,就会产生"放任不良品"。

③ "放任不良品"产生的原因

主要原因是操作错误发生时的处理方法不当,以及防止操作错误再发时的指导不足。没有及时传达信息是当事人的责任,而没有制定相关规则则需追究指导者的责任了;没有遵循注意事项是当事人的责任,而没有进行充分指导则是指导者的责任。

137

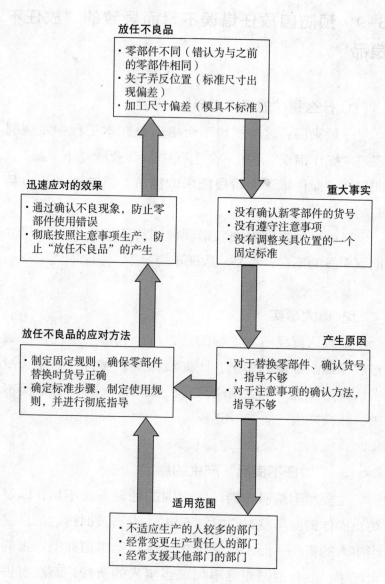

放任不良品

· 零部件不同（错认为与之前的零部件相同）
· 夹子弄反位置（标准尺寸出现偏差）
· 加工尺寸偏差（模具不标准）

迅速应对的效果

· 通过确认不良现象，防止零部件使用错误
· 彻底按照注意事项生产，防止"放任不良品"的产生

重大事实

· 没有确认新零部件的货号
· 没有遵守注意事项
· 没有调整夹具位置的一个固定标准

放任不良品的应对方法

· 制定固定规则，确保零部件替换时货号正确
· 确定标准步骤，制定使用规则，并进行彻底指导

产生原因

· 对于替换零部件、确认货号，指导不够
· 对于注意事项的确认方法，指导不够

适用范围

· 不适应生产的人较多的部门
· 经常变更生产责任人的部门
· 经常支援其他部门的部门

图 6-9　迅速应对的流程图

138

④ "操作错误"的对策

应对操作错误，只有一个办法，就是及时发现、即时通知、立刻实施应对措施。 具体说来，首先需要决定应对操作错误的指导方针，然后让员工严格遵守"稳固"、"执着"、"熟悉"三原则进行操作。 记住一点：产品质量不良大多由"人"引起。

⑤ **迅速应对的效果**

防止"放任不良品"的产生，最有效的是采取现场应对的方法，这一方法还有助于创造坦诚、愉快的工作氛围。

6-10　预防应对准备不充分导致的"应对不良品"

① **什么是"应对不良品"**

设计变化、生产方法变化、生产数量变化、生产人员变化……生产现场中生产条件变化莫测，如果不能及时应对这些变化，就会产生"应对不良品"。

② **重大事实——不能及时应对变化**

生产现场的混乱是主要原因。 人员更替、设备改良等变化发生时，会给生产人员增加负担，导致时间紧

139

迫、程序繁杂而难以按期交货，由此产生了"应对不良品"。

③ "应对不良品"产生的原因

如果能排除所有的变化，那最好不过，不过现实中这种可能性不存在。所以只能在"应对不良品"产生时，采取合适的对策了。而"应对不良品"发生的主要原因是：不具备各种变化发生时的应对标准和相应指导。

④ 如何解决变化应对不充分的问题

关键是在指导新人、支援人员以及引入新设备时，需要分别针对管理者、监督者、责任人制定不同的规则，以应对变化。同时上司还需要进行跟踪指导，生产现场相关人员也要协力合作，以提高应对变化的能力。

⑤ 积极应对的效果

"应对不良品"发生的主要原因是生产条件的变化，而现实中每天基本上都在发生变化，所以需要针对每个变化采取积极应对策略，以克服"应对不良品"的产生。另外，如果能应对客户"质量高、价格低"的要求，也能提高自身的应变能力。

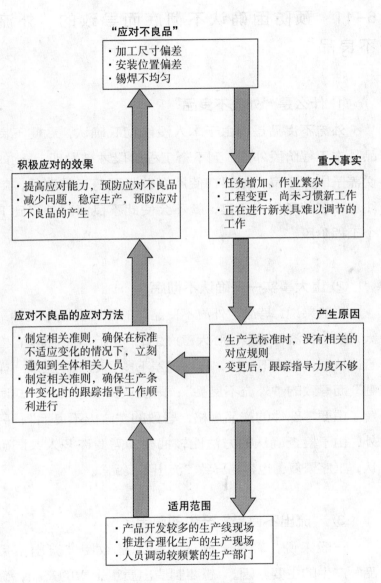

图 6-10   积极应对的流程图

6-11　预防因确认不彻底而导致的"外流不良品"

① 什么是"外流不良品"

外流不良品是指由于本人没能彻底确认，致使不良品从本工程阶段外流，到下个工程阶段才被发现。比如说盖子嵌合不良，如果在使用螺钉紧固盖子的时候，就注意到了盖子嵌合不良，就不会使此不良情况外流到下个工程阶段。

② 重大事实——确认不彻底

一般来说，导致"外流不良品"的原因有以下几种：太习惯工作流程导致粗心大意产生的"流出不良品"；检查确认时，静不下心来，认为"差不多了吧"、"应该一样吧"而导致的"外流不良品"；即使认真检查确认，却误解了重要零部件的产品规格，导致的"流出不良品"；另外，由于检查确认的方法比较抽象，需要许多人共同确认，工序繁复，也容易导致"流出不良品"。

③ "流出不良品"产生的原因

一般来说，轻视"确认工作"是致使"流出不良品"产生的主要原因。想要制造出质量上乘的产品，确认工作必不可少，但往往存在不能确认具体的检查方

142

法、不能进行彻底的指导工作等情况。

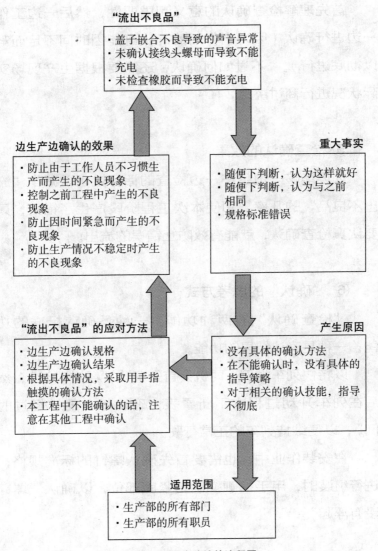

"流出不良品"
·盖子嵌合不良导致的声音异常
·未确认接线头螺母而导致不能充电
·未检查橡胶而导致不能充电

边生产边确认的效果
·防止由于工作人员不习惯生产而产生的不良现象
·控制之前工程中产生的不良现象
·防止因时间紧急而产生的不良现象
·防止生产情况不稳定时产生的不良现象

重大事实
·随便下判断,认为这样就好
·随便下判断,认为与之前相同
·规格标准错误

"流出不良品"的应对方法
·边生产边确认规格
·边生产边确认结果
·根据具体情况,采取用手指触摸的确认方法
·本工程中不能确认的话,注意在其他工程中确认

产生原因
·没有具体的确认方法
·在不能确认时,没有具体的指导策略
·对于相关的确认技能,指导不彻底

适用范围
·生产部的所有部门
·生产部的所有职员

图 6-11　彻底确认的流程图

143

④ 如何进行彻底确认

首先理解检查确认的意义和重要性，然后一边工作一边进行确认（因为工作后的确认可能因时间不足而难以彻底进行）。 不过如何确认，还需要根据生产现场实际状况进行商讨决定。

⑤ 检查确认的效果

如果能够一边生产一边检查的话，就可以减少"流出不良品"的几率，即使本次工程阶段产生了错误，只要认真检查确认，就能有效防止错误的流出。

⑥ "确认"的思考方式

"检查确认"有两种功能，一种是确认标准的功能，一种是确认结果的功能。

以特快列车为例，司机会首先确认"经过时间"，然后在列车开动过程中不断看表，确认每次的"经过时间"，以便维持列车的正常行驶。

在安装作业中，也需要首先确认螺钉的标准规格，进行组装时，用手指触摸确定紧固部位，以确认"螺钉没有浮起"。

144

图 6-12　确认的两种功能与案例

⑦ 确认技能与提升技能

坚持每天工作前确认生产标准和完成后确认结果，是提升技能的一条捷径。 比如，确认"螺钉标准规格"的方法是"检查其是否严格遵循了生产标准手册"，而安装螺钉后确认是否有浮起的方法为"手指触摸确认"，既可以出声，也可以手指触摸确认。 不过确认之前需要规定好生产标准和结果的确认方法，然后在生产中重复实践。

⑧ 边工作边确认

"边工作边确认"的方法是"生产"与"确认"并行的方法。 充分理解此方法、事先确定实施方法，制作相应的实施标准，然后在此标准的指导下，学习确认技能，防止"流出不良品"的产生。

6-12 预防因操作不精确而导致的"生产不良品"

① 想要维持精确的作业水平实属不易

开车时，只要司机按照考驾驶执照时的水平驾驶，肯定不会出交通事故。 可现实中，由于没遵循规则造成了许多交通事故。 生产现场也一样，操作不精确会导致不良品的产生，这种不良品叫做"生产不良品"。

146

其实想要每次都完全按照标准精确作业，做起来是很困难的，因为这受到现实条件的制约，比如，人员调动、设备改善、工作流程改变时等，因此要求每个人都能精确作业确实存在的困难。

② 为何难以维持精确的生产水平

最主要的原因是难以落实精确的技术，精确的技术水平不可能一下子学会，需要花费时间。 其次，"生产不良品"发生后，没有相应的对策解决问题，也是一个重要原因。 另外，反省不足、不能灵活运用经验教训，也会导致同样的错误重复出现。

③ 如何精确作业

答案只有一个，就是通过日常工作，掌握正确的生产标准并切实贯彻。 关键在于要直面"生产不良品"的现实，并以技术提高为目标进行生产。

④ "精确作业"带来的成果

"冰冻三尺非一日之寒。"话虽如此，也需要不断努力，切实推进作业精确化，减少错误，有效预防不良品的产生。 这样才能确保产品质量提升，切身感受到自身技能的提高。

147

精确化的成果

- ·减少不良品，不给别人添麻烦
- ·减少损失，工作变得轻松有趣
- ·工作时心情舒畅
- ·按照计划完成工作
- ·切身感受到成长的快乐

不精确的例子

- ·一点都不了解工作
- ·什么工作都胜任不了
- ·工作方法改变了
- ·作业分担方式改变了
- ·设备、夹具改变了

精确化的体验

- ·养成了正确理解每个步骤的习惯
- ·养成了正确掌握每个步骤的习惯
- ·养成了确认的习惯
- ·养成了活用错误的习惯
- ·养成了吸取他人错误的习惯
- ·养成了不会的时候找人商量的习惯

产生原因

- ·不可能一下子理解每个步骤
- ·不可能一下子掌握每个步骤
- ·面对变化时，没有应对方法
- ·失败时，反省不足
- ·身体状况不佳时，硬着头皮工作
- ·不能把教训活用到下次生产过程中去

为什么要确认

- ·质量上乘的产品是靠一点一点地努力工作积累起来的
- ·自身重复训练了100次，顾客只要有1次不满意，就不行
- ·一件产品质量不良导致所有产品质量出问题

图 6-13　精确化的流程图

⑤ 如何推进生产精确化

第 6 章中介绍的"预防知识"以及前面介绍的"边工作边确认"的方法，既能提升技能，又能预防不良品的发生。 在这里，我们通过"精确化技术体会状况表"来具体解释生产精确化的步骤。

<步骤一>：从生产现场的各种标准中选取需要进一步精确化的内容，记录在表 6-1"体会状况表"中。根据需要，可以通过实际操作，确定选择内容。 另外，选择时需要选择重点项目，最多不超过 3 个。

<步骤二>：确定评价时间。一般有周和月两种评价周期，确定使用哪一种，然后自己进行评价。

<步骤三>：确定评价方法。一般来说，5 天都能切实推进的话，则一周成绩合格，记为○，如果 1 天都没能切实推行的话，则记为△。 如果每月连续四周都为○的话，则每月成绩记为○。 就这样朝着每月为○的目标，切实推进生产内容精确化。

<步骤四>：实际进行评价，把结果记录在体会状况表中。如果每次都能看到○标志的话，自己就能体会到切实的成长感，而如果出现了 △ 的话，则需要进行反省，吸取教训，再接再厉。

149

表6-1 精确化技术体会状况表

体会技术	4月	5月	6月	7月	8月
使用"边工作边确认"的方法，预防"流出不良品"					
使用"跟踪指导"方法，预防不良现象					
预防"匆忙导致的不注意不良"现象					

第1周 第2周 第3周 第4周

使用"TT法"提升技术

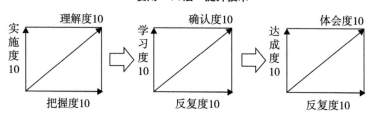

图 6-14 精确化技术使用体会状况图

⑥ 体会"TT 法"

"TT 法"（参照第 4 章）是提升技能的根本方法。 首先精读并把握选择的内容，然后实施 1 次，通过实践达到充分理解，然后确认理解的内容，之后至少进行 5 次反复学习、确认。 另外，在每月评价达到〇之前（也就是达到技术精确之前），要有意识地重复进行学习。

在体育界，选手都朝着目标反复训练，重复练习基本动作。 生产现场也一样，只有不断重复温习基础，才能达到提升技能的目的。 另一方面，如果没有精确化的标准，必须不断进行反省，把经验、教训活用到下次生产活动中去。 此外，还要注意与朋友、同事进行合作，才能有效防止不良品的产生、提升技能，达到双赢效果。

第 7 章

跟踪指导，防止不良品

7-1 跟踪指导的定位及其重要性

① 跟踪指导的重要性

在 2-4 "提高质量的三项工作" 中，已经提到了 "进攻型"、"防守型"、"跟踪型" 三大业务。 而现在即将提到的跟踪指导就是其中的 "跟踪型" 业务。 在棒球运动中，攻、守、跑三者缺一不可，而真正的强队，会把精力主要放在 "跑" ——积极奔走上面。

一般来说，在投入研发新产品，或者开始新型事业的时候会对员工进行生产培训。 指导者会按照生产标准向相关人员说明生产内容。

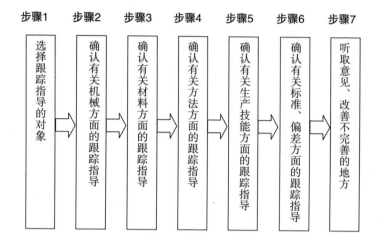

步骤1	步骤2	步骤3	步骤4	步骤5	步骤6	步骤7
选择跟踪指导的对象	确认有关机械方面的跟踪指导	确认有关材料方面的跟踪指导	确认有关方法方面的跟踪指导	确认有关生产技能方面的跟踪指导	确认有关标准、偏差方面的跟踪指导	听取意见、改善不完善的地方

跟踪指导的记录（7-9节）

图 7-1　跟踪指导的流程图

154

而跟踪指导发生在生产培训之后，指导者检查生产是否按照标准正确进行，如果发现问题，就要重新对生产人员进行指导。 跟踪指导分为以下几种情况：每天进行一次（视工程情况而定，有时候会进行两次）；定期回顾整个工程，检查其进展状况。 如果发生偏离标准的偏差时（重大事实），要进行追加指导工作。 如果跟踪指导工作不到位的话，会导致工程状况不稳定，持续发生不良现象。

② 跟踪指导的注意点

"指导"不仅仅是对生产进行"指示"，最重要的是"引导"生产按标准完成。 特别是高难度作业，如果只作指示的话，员工很难理解和掌握，所以必须进行跟踪指导工作。 另外，生产人员在学习技术时，需要指导者根据员工情况，个别指导。

通过跟踪指导可以事先察觉工程的变化，及时采取相应对策，还可以及时察觉到工作人员的身体状况、心情等，加以应对。

7-2 选择跟踪指导的对象（步骤 1）

① 如何选择跟踪指导对象

如何选择跟踪指导对象呢？ 请参考表 7-1 跟踪指导

155

手册，首先需要判断的是以整个工程（人）为对象，还是以特定工程（人）为对象。

为此，第一步需要把握生产现场的生产状况。 比如，生产某种产品时，调查相关人员对此产品生产的学习度，如果还没有学习，则确定这些人员为跟踪指导的对象。 或者查看生产量目标，把期待产量增加的产品定为跟踪指导的对象。

如上所述，把问题多发工程确定为指导对象。 这些工程一般是不良率高、效率低的工程，另外，还需要把缺乏经验的工作人员定为跟踪指导对象。

② 事先确认标准

跟踪指导的前提条件是，对象工程的指导者能正确理解各种标准。 跟踪指导时，需要根据质量标准判断生产方法、生产规格的好坏。 标准包括生产标准手册、机械操作手册、夹具检查手册等。 接下来，根据不同的指导内容，分别解释说明各种标准。

请大家在进行跟踪指导之前，充分理解把握本节内容，之后把掌握的内容应用到实际中去，不断重复，体会跟踪指导技能。

另外，如果没有具体标准，而你却感觉很有必要制定标准的时候，请与其他成员一起共同制定。 这些标准不仅可以应用在实际生产中，而且对完善生产现场标准

156

大有益处。

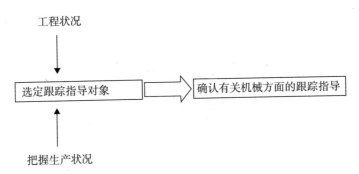

图7-2 "选择指导对象"的定位

表7-1 跟踪指导手册（一）

任务	选择跟踪指导的对象	
目的	促进对象工程的早期安定化以及促进生产的切实推进	
步骤	业务内容	各项标准
1	把握生产量的增减情况、新产品计划以及生产状况，帮助进行对象选择	生产计划
2	把握成员的工作年数、工程的目标达成状况，判断是否有必要进行跟踪指导	管理表格
3	对不良率高的工程进行个别指导	不良率数据
4	对新人、支援者进行重点指导	职业履历
5	对损失多的工程进行重点指导	更改数据
6	对效率低的工程进行跟踪指导	时间资料
7	对其他判断为"需要指导"的工程进行指导	
注意事项	①需要在把握工程状况的基础上选择指导对象，如果以整个工程为指导对象的话，基本上需要每天进行一次跟踪指导 ②事先整理、理解所选工程的各项标准	

7-3 跟踪确认机械状况（步骤2）

① 跟踪确认设备、机械等

首先把设备、机械确定为跟踪确认的对象，这些硬件设施容易老化，因此需要进行极其细致的跟踪确认工作。 根据跟踪确认的内容，设备和机械可分为两个大方面的问题——"功能面"与"操作面"。 跟踪确认时，首先对比现有的机械与机械操作手册，确认机械是否有瑕疵。 同时，确认检查结果与检查记录。 不过对于硬件方面的检查，仅仅一次是不够的，因此操作者记录下的检查结果对把握设备、机械的"功能面"、"操作面"尤为重要。 如果对记录结果有疑问，可以直接询问检查人员，以便把握"重大事实"。

② 跟踪确认夹具、工具、测量器等

接下来是对夹具、工具、测量器等的跟踪确认。 对于大的设备和器械来说，把握其瑕疵较容易，而夹具、工具就没有那么容易把握了，而这些工具的瑕疵又很容易引起不良。 所以在进行跟踪确认时需要认真确认开工检查与定期检查记录。 对于记录内容，如果有不明白的地方，可以直接向检查人员询问，重新确认。

158

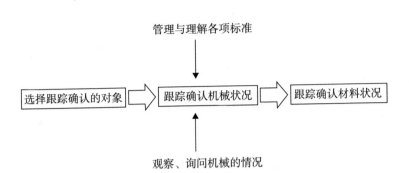

图 7-3 "跟踪确认机械状况"的定位

表 7-2 跟踪确认手册（二）

任务	跟踪确认机械状况	
目的	异常状况的早期发现与预防，稳定工程	
步骤	业务内容	各项标准
1	设备、机械是否正常运转，操作是否正确	机械操作手册
2	确认设备、机械的开工检查与定期检查是否按照计划实施、记录了	开工检查表 定期检查表
3	夹具、工具、测量器是否能正常使用，操作方面是否正常	夹具、工具 类使用表
4	夹具、工具、测量器的检查是否按照计划进行，并确认是否作了记录	定期检查表 开工检查表
5	观察机械是否发生异常，通过询问操作人员进行确认	异常表
注意事项	①对于与机械相关的各种设备、机械、夹具、工具、测量器等也要进行跟踪确认 ②硬件对产品质量影响极大，不要放过任何微小的异常	

③ 通过观察、询问把握异常状况

跟踪指导机械设备时，需要重视对实物的观察与询问，以便把握异常状况。比如说，机械、夹具类除了使用者本人之外，别人都不了解具体情况，所以如果在其功能或操作中出现的小的异常现象，只能询问其本人才能掌握状况。另外，设备、机械、夹具、工具、测量器是否有异常呢？是否有时会震动或者产生噪音呢？这时就需要认真检查确认，为每个机械制作异常情况表，方便异常状况发生时进行记录，并对操作者进行指导。

7-4 跟踪确认材料状况（步骤 3）

① 跟踪确认材料状况的目的

生产中如果需要的材料、零部件较多，本部门不能满足的话，则需外部调配。不过由于外部厂家的规模、技术水平不一，生产出的产品质量很难维持在一个统一、稳定的水平上。因此生产现场需要对材料、零部件进行统一管理，防止成品质量上出现问题。

一般来说，材料、零部件的质量需要以式样书、规格表为基础进行管理。而是否按照规格进行了生产，则需要定期进行跟踪确认。

另外，在跟踪确认时，还需要检查不良品发生时的记录及当时采取的对策。 零部件的质量直接影响到产品质量。 所以需要在认真跟踪确认的基础上进行管理与指导。

② 跟踪确认材料的保管和库存

材料、零部件保管状况的好坏影响到成品质量。由于品种数量多，保管不周会损伤零部件，保管方法不当也会使零部件产生瑕疵，导致不良品发生，这些都需要注意。 另外还有由于零部件、辅助材料老化导致的质量不良，这就需要定期盘点，确认库存物品的状况。

③ 跟踪确认材料的异常状况，并进行整理整顿

材料方面也需要制作异常状况表，比如，连续发生的不良现象、零部件包装不合格、规格不明确等。 根据异常状况发生时的记录，可以把握规律性异常状况，尽早采取措施，预防不良品的产生。

另外，整理整顿也是管理的基本要求。 从日常开始把握对材料的整理整顿情况，对跟踪确认很有好处。

161

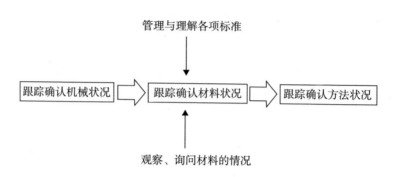

图 7-4   "跟踪确认材料状况"的定位

表 7-3   跟踪确认手册(三)

任务	跟踪确认材料、零部件、辅助材料	
目的	尽早发现异常状况,预防不良品的产生	
步骤	业务内容	各项标准
1	操作人员是否理解所使用材料的规格,需要确认这些材料是否为正规材料	零部件规格表
2	查看与材料相关的不良、异常记录,确认异常时的现场状况	异常状况表
3	观察、询问是否按照标准保管材料了	保管标准表
4	有没有库存管理准则,记录结果、问题的时候,有没有出现异常现象	库存管理标准
5	对材料是否进行了整理整顿,是否从现场对实物进行了确认	整理整顿标准
注意事项	①确认包括材料、零部件、辅助材料在内的各方面内容 ②不要放过任何一点会影响到产品质量的细微不良现象,需要观察实物、询问操作人员,进行确认	

7-5 方法的跟踪确认（步骤4）

① 跟踪确认生产方法与规格

在确认方法（实际的操作方法）时，首先需要给方法分类——"生产（加工）方法"、"生产规格"。

生产（加工）方法是指生产步骤和生产内容。实际生产时需要通过现场观察生产（加工）方法，并对比生产标准，进行确认。

另一方面是"生产规格"，每种生产都需要一定的规格，结果的好坏也是由规格决定的。因此生产完成之后，一定要检查结果、使用测量器测量、确认生产是否按照规格进行。特别是对于刚开始着手的工作，不可能一次成功，所以需要跟踪确认并进行指导，提升技能。

② 跟踪确认硬件方面的操作以及检查方法

前面已经讲解了关于机械、材料状况的跟踪确认方法，接下来从方法方面进行讲解，包括与机械相关的操作方面、检查方面，与材料相关的保管方面、操作方面等。

在跟踪确认机械的操作方法、定期检查方法、夹具的管理方法、零部件的保管方法时，需要通过对比各种标准进行确认。所以进行这些工作时，首先需要对各类标准有一个较为透彻的理解。如果指导者不能一下子完全理解所有标准的话，那么跟踪确认不失为一个加深理解的好办法。

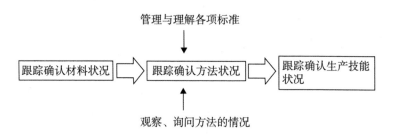

图 7-5 "跟踪确认方法"的定位

表 7-4 跟踪确认手册（四）

任务	跟踪确认与方法相关的事项	
目的	尽早发现、处理与标准之间产生的偏差，规定生产的标准方法	
步骤	业务内容	各项标准
1	确认生产步骤、方法、规格，保证生产按照标准进行	生产步骤表 QC 工程表
2	确认是否有生产没有按照步骤进行，以及是否有多余的生产步骤	异常状况表
3	确认操作人员是否真正理解并按照注意事项进行了实施	生产步骤书
4	确认机械操作、材料管理是否按照规定方法进行	操作表 开工检查表等
5	在实施不良品对策时，确认内容及结果	防止不良品 再发生对策书
注意事项	①包含生产方法与生产规格两个方面 ②正确理解各种标准，通过观察、询问确认方法是否偏离了标准	

③ 跟踪确认不良品对策

不良品对策也需要进行跟踪确认，这对稳定工程、提高产品质量来说不可或缺。 要认识到，跟踪确认不良品对策也直接影响到产品质量。

7-6 跟踪确认生产技能状况（步骤5）

① 提升技能是跟踪确认的本质

不管是加工还是组装，所有工作的正确率和速度都是由操作人员的个人技术水平决定的。 技能水平即质量水平的说法一点都不为过。 因此，从日常开始提升生产现场每个员工的技能非常重要。 其中一对一的技能跟踪确认是一个非常有效的方法。

② 技能的评估方法

首先需要对技能进行客观地评估。 这里所说的技能是指生产的速度、节奏、结果、安定性、异常状况时的应对方法、基本动作的正确性、夹具工具类的操作技能等。

评估的基本方法是测定作业时间。 同一工程进行两次，然后测定所用时间的平均值，再通过与标准值的对比测定技能水平。 还有一种方法是对比生产现场的技能操作人员与标准技能人员。 如果水平相同则记为 1.0，同等

165

以下记为 0.8，同等以上记为 1.2，按此方法进行评估。

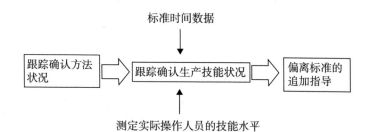

图 7-6　"跟踪确认生产技能"的定位

表 7-5　跟踪确认手册（五）

任务	跟踪确认生产技能的状况	
目的	尽早发现、处理与标准之间产生的偏差，以及生产的标准方法	
步骤	业务内容	各项标准
1	每项生产都指定模范操作者，用于其他生产人员的对比，以客观把握自己的技术水平	标准时间
2	当未达到标准水平时，测定时间以把握状况	每项作业所需要的时间
3	对每项步骤所需时间都要把握，尤其是对没有达到标准水平的生产项目	通过时间数据，对生产状况进行分析
4	发现生产中存在的不足后，立即进行指导，以提高水平	生产标准书
5	判断需要进行特别指导时，要决定指导日期并实施	指导预定表指导教科书
注意事项	①根据对方的经验，制定阶段性提升技能的计划，进行指导。并对结果进行评价、反馈 ②通过额外指导，强化弱项，有意识地增强员工自信	

③ 技能指导法

分析各个生产状况，分别评价员工的技能水平，对于技能低的作业单位，可以直接传授给其生产的基础知识和窍门等。 另外，步骤书上面没有的技术信息也可以现场直接传授。

其实，提升技能最基本的方法是不断重复、体验生产的基本步骤。 指导者把握生产人员的状况，根据其水平因材施教，必要时还可以实施特训或者集中训练等。

7-7 偏离标准的追加指导（步骤 6）

① 追加指导的内容与步骤

每次追加指导时，都需要记录追踪确认的结果和时间，一边确认内容一边继续推进（参照表 7-8）。

首先是对机械、材料这些硬件方面的追加指导。 这是因为硬件方面的偏差直接关系到产品质量和效率。 比如说，如果使用难以矫正的夹具，不仅难以将产品规格维持在同一标准上，还非常花费时间。 因此维持硬件方面的安定是稳定生产方法的前提条件。

对方法进行追加指导的时候，首先需要从规格方面

167

入手，这是因为偏离规格的产品即为不良品。 这一道理
生产人员都知道，所以追加指导相对容易。 处理完规格
方面之后再处理具体生产方面，这样更容易达到预期的
效果。

　　进行偏差的追加指导时，可以先告知生产人员时间
测定的结果，具体为他们指出偏离标准的工程作业，在
他们能够接受的基础上，再具体教授其如何改正。

② 带着自责意识进行追加指导

　　对于偏离标准的状况进行追加指导时，不管是硬件
方面还是软件方面，指导者都需要有自责意识。 由于追
加指导的目的在于改善偏离标准这一事实，所以只有实
际操作人员心悦诚服地接受，才能积极采取措施、改善
工作中的疏漏、达到最好的效果，所以指导者在跟踪指
导时应该避免一味地批评，不要总说操作人员这也不
行，那也太慢。

　　尤其是对于技术方面的追加指导，指导者需要根据
操作员工的水平因材施教地进行讲解，方便操作人员理
解。 不要让操作人员一口气吃成胖子，需要一步步稳扎
稳打。

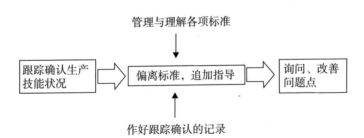

图7-7 "偏离标准的追加指导"的定位

表7-6 跟踪确认手册（六）

任务	偏离标准的追加指导	
目的	切实落实生产、稳定生产环境，提高产品质量	
步骤	业务内容	各项标准
1	在设备、机械、夹具、工具、测量器等机能方面产生偏差、异常时进行追加指导	机械类的说明书、式样书
2	在材料、零部件、辅助材料等规格方面出现偏差、异常时进行追加指导	材料类的标准、规格
3	按照生产规格、机械、材料的使用方法、生产步骤的顺序对产生的偏差进行追加指导	生产标准书等
4	把测试结果、技能水平告知员工，在管理、操作、生产等方面进行追加指导	指导教材标准时间数据
5	从安全、整理整顿等方面对生产环境方面的偏差进行说明以及追加指导	整理整顿的标准环境方面的标准
注意事项	①在现场，通过实物告知操作人员产生的偏差 ②指导者要带有自责意识，对操作人员进行指导	

169

7-8　询问、改善问题点（步骤7）

① 通过询问找出问题点

之前讲解的跟踪确认都是以指导者为主体。 接下来我们从生产人员的立场讲解跟踪确认。 具体来说，可以直接询问生产人员生产中不适合的地方。

首先可以从询问有关机械、材料的异常状况开始。不管是通过检查异常表发现的问题点，还是通过跟踪确认掌握的问题点，都可以询问生产人员，找出潜在问题。 除此之外，还可以积极询问除了异常、偏差之外，生产人员本人感觉出的问题点。 比如说，有没有神经高度紧张、容易疲劳的工作呢？ 作业时有没有感觉困难、不明白的地方呢？ 有没有什么需要改善的地方呢？ 这些都可以现场询问，以便确认是否有问题点。

② 找出问题点有利于改善和成长

询问操作人员问题点，目的在于改善问题。 另外如果改善后效果确实明显，还能得到生产人员的信任。 实际上，跟踪确认工作可以削减生产时间，使得生产变得不再枯燥，回报多多。 所以一旦发现了问题点，就要立即与操作人员共同改善，一同进步。

170

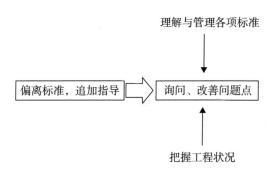

图7-8 "询问、改善问题点"的定位

表7-7 跟踪确认手册（七）

任务	询问、改善问题点	
目的	引出工程内部存在的问题，进行改善	
步骤	业务内容	各项标准
1	观察机械，询问生产人员是否存在异常状况，根据必要进行指导、改善	跟踪记录
2	观察材料，询问生产人员是否存在异常状况，进行指导、改善	跟踪记录
3	询问生产人员在方法上是否存在不明白、不稳定、不自然的地方，并进行指导、改善	跟踪记录
4	直接询问防止不良品再发生对策的结果，确认应对内容	防止再发对策书
5	询问生产人员态度方面的问题，必要时进行指导和帮助	跟踪记录环境方面的标准
注意事项	①把握对工程的观察结果，以及异常状况发生时所记录下来的重大事实，具体询问各个问题点。注意不要使用抽象的询问方式 ②灵活运用操作人员的意见和建议，改善工作	

171

7-9　跟踪指导的记录

① 跟踪指导的记录方法

1）记录下进行指导的日期。 原则上是 1 日 1 次，进行跟踪确认。 有时候根据工程的进展状况会需要 1 日 2 次。 每次跟踪确认时都需要记录下确认内容。

2）跟踪确认时，需要把握机械、材料、方法等观察当时的情况，并作记录。 如果与标准无偏差，则记录为○，如有偏差，则记录为△。

3）对标有△的项目，需要进行追加指导，并把每次追加指导的内容简单明了地记录下来，这样方便把握对工程的指导情况。

4）为了进行技能评价，需要记录下测定的时间结果。 原则上测定两次，并将其平均值与标准时间对比，客观评价其技能。

5）询问生产人员问题点，记录下掌握的问题点以及已经实施的改善和指导内容。

② 充分利用跟踪指导表

跟踪指导很花费时间和精力，所以需要充分利用跟踪指导表，提高工作效率。 这样每个工程每个时间段的指导情况都可以及时掌握，对追加指导很有帮助。 特别是不良品产生时，使用平时积累下来的跟踪指导记录、

172

询问记录，方便进行工程调查，有利于迅速展开实施对策。

表7-8　第3工程6月2日~6日 跟踪指导的记录

①日期	②观察				③追加指导	④测定		⑤询问
	机械	零部件	方法	技能	偏差与指导内容	(50)(秒)		改善内容
06-02	○	○	△	○	弄错红色与蓝色导线的顺序，为此进行跟踪指导	1	50	操作人员询问为何要按这种顺序，已回答。
						2	56	
06-03	○	○	△	○	尖头钳的操作方法不稳定、对其追加指导基本操作方法	1	53	第2工程导线处理不良（追加使用夹子）
						2	52	
06-04	○	○	○			1	55	
						2	50	
06-05	○	○	△	○	标签贴错位置	1	52	解释规格
						2	50	
06-06	△	○	○	○	烙铁顶部有污渍	1	55	烙铁顶端没有准备好
						2	56	（随即进行了补充）

活用跟踪指导记录的好处

- 不良品产生时，确保迅速进行工程调查
- 不良品产生时，确保回馈的正确性
- 方便把握工程状况，在人员更替时有帮助
- 记录上写有指导的经过，给生产人员讲解时，相对容易
- 作为维持生产标准和修正时的信息源使用

跟踪指导是需要坚持的工作，旨在确认过去的指导内容、结果，对指导记录也非常有用。

另外，当工程责任人变更、缺勤时，对新责任人而言，指导记录也尤为重要。

7-10　跟踪指导的八大效果

跟踪指导有八大效果。每天确认跟踪指导内容，方便尽早把握机械、材料、方法等方面的异常状况，以便迅速采取措施进行应对，事先预防不良品的产生，而不是做事后诸葛亮（效果1）。

对于新着手的工作和新人来说，使其迅速理解、学习标准内容是不可能的。所以需要通过每日跟踪确认，一步步让其理解标准的内容，达到切实教育操作人员的目的（效果2）。

跟踪指导的本质在于提升技能，而通过一对一的指导，根据生产人员的实际水平教授其知识、技能、注意点、生产的技巧等，这对提升生产人员的技能十分有效（效果3）。

由于通过跟踪指导可以充分把握工程状况，迅速进入工程调查阶段，适合费时的工程。而且利用跟踪调查表能迅速找出产生原因、制定对应方法，方便即刻采取对策（效果4）。

174

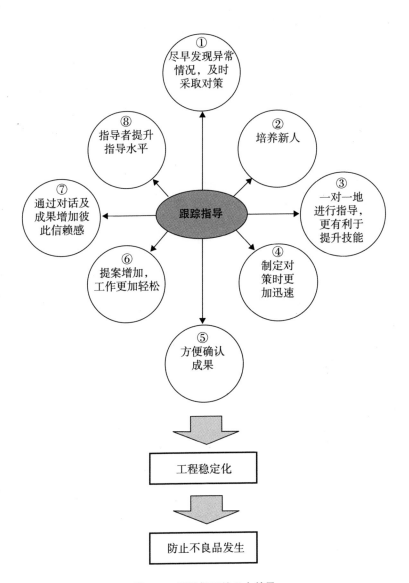

图 7-9 跟踪指导的八大效果

一般来说，处理完发生的不良现象后，对其跟踪指导容易疏忽大意，所以通过每天进行跟踪指导，切实确认工程的内容和结果，对提高产品质量很有帮助（效果5）。

通过跟踪指导，询问操作人员各种问题点，进行改善，而且操作人员可以提出各种建议，对于改进产品质量、缓解工作紧张度很有帮助（效果6）。

指导者通过跟踪指导与操作人员对话，除了达到沟通的目的之外，还可以增强信赖关系，为改善生产共同努力（效果7）。

另外，通过反复进行跟踪指导，指导者也能提高自身指导水平（效果8）。

第 8 章
活用不良品分析信息

8-1 如何给不良品分类

① 不良品类别分析表的使用方法

只有把握不良品的特征，才能对症下药，一般来说，不良品可以分为 X、Y、Z 三类，可以用不良品类别分析表进行分类。

首先通过生产现场的检查日报等把握不良品的发生情况。然后把不良品名称、每天发生的不良品件数记入不良品类别分析表中。可以按照每个月、每种产品、每个批次的生产状况对这个表进行定期分析。

表 8-1 不良品类别分析表

产品名称：KV-201　　目标：不良率降低1.7%　　车间名称：4车间

不良名称	发生工程	发生次数														
		6/8	9	10	11	12	15	16	17	18	19	22	23	24	25	26
导线深陷	⚠	1														
混入螺母	7		①													
缺少垫圈	2			①												
锡焊零散	7				①											
导线（S）深陷	⚠					1										
连接器（#7）脱落	5						1									
导线（E）深陷	⚠					1										
连接器（#3）脱落	5								1							
基板安装不良	6									1						
螺钉不良	6									①	①			①		
连接器（#5）脱落	5										1					
导线（B）深陷	5											1				
导线（F）深陷	⚠												1			
连接器（#6）脱落	⚠													1		

Z型不良

Y型不良

X型不良

①每个工程中的不良现象发生次数　②不同不良现象发生的次数

发生工程	次数
4工程	5次
5工程	4次

不良现象	次数
导线深陷	6次
连接器脱落	4次

③对策

178

② **不良品的 3 种类别**

X 型不良（同一种不良现象重复发生）：不良状况重复发生时，记录在 X 轴上，所以称为 X 型不良，比如"螺钉不良"。 由于 X 型不良为同一种不良现象的重复产生，所以需要最优先采取对策处理。

Y 型不良（同一工程中不良现象重复发生）：同一工程中，如有不良现象重复发生的话，其工程名称会记录在 Y 轴上，称之为 Y 型不良。 比如表 8-1 中的第 4 工程与第 5 工程。 Y 型不良可以在处理完 X 型不良之后再处理。

Z 型不良（发散性不良）：除了 X 型、Y 型之外的、发散性不良称为 Z 型不良。

③ **针对 Y 型不良采取的对策**

首先定期把握工程中发生的不良次数。 比如表 8-1 中，第 4 工程中发生了 5 次，第 5 工程中发生了 4 次。然后给不良现象分类，比如"导线深陷 6 次"、" 连接器脱落 4 次"等，然后分别采取不同对策。

8-2 各种不良现象的应对方法

① **活用不良品类别分析表**

如果在生产现场发现不良现象，需要反馈给事发工程

179

的生产人员，然后采取适当措施防止再发。 可实际上，比如说在开发新产品的时候，发生了产品质量以外的问题时：库存不够、新设备导入等，生产人员必须首先花费时间解决这些问题，因此，即使他们意识到了质量不良问题，也没有时间处理。 这时候，就需要从记录下来的检查日报中把握不良现象的发生状况，记录在不良类别表中，以便分析每种产品、每批产品的质量状况。

② 给不良状况列表

通过分析表把握的不良内容之后，需要给这些不良内容按照 X、Y、Z 的不同类型，定期列表，表的内容包括：发生工程、日期、不良内容等，要求记录得尽量简洁易懂。 这样根据不良类别比较容易把握不良现象，其对策的优先顺序为 X、Y、Z。

③ 每种不良现象的应对方法

"X 型不良"为再发性不良。 根据不良现象的再发次数，定期举行研讨会进行讨论。 定期是指以月周期、不同产品、不同批次为单位进行，讨论时需要对现场状况进行调查和确认。

"Y 型不良"的对策方法与"X 型不良"的对策方法一致，都需要定期举行讨论会进行讨论，确认现场不良状况后，再与相关人员商讨决定对策。

180

表 8-2　根据不良类别表制定对策

不良类别──发生工程──不良情况

类别	发生工程	日期	不良情况	次数
X	6	06-18	螺钉不良	3
Y	4	06-08	导线深陷	1
	4	06-12	导线（S）深陷	1
	4	06-12	导线（S）深陷	1
	4	06-15	导线（E）深陷	1
	4	06-23	导线（F）深陷	1
	4	06-25	连接器（JHJ6）脱落	1
Y	5	06-15	连接器（JHJ7）脱落	1
	5	06-17	连接器（JHJ3）脱落	1
	5	06-22	连接器（JHJ5）脱落	1
	5	06-23	导线（B）浮起	1
Z	7	06-09	混入螺母	1
	7	06-11	锡焊零散	1
Z	2	06-10	缺少垫圈	1
Z	6	06-18	基板安装不良	1

分类应对不同的不良现象以及对策方法

类别	对象	对策	参考本书
X 型	选定不良对象	定期研讨会	1-8 节
Y 型	限定特定工程	定期研讨会	1-8 节
Z 型	个别性不良现象	不良再发防止对策	第 3 章

181

应对"Z 型不良"时，要使用防止不良品再发生对策。 这样分别处理 3 种类型的不良现象，才能迅速、彻底地防止不良现象的再发生。

8-3　横向展开防止不良品再发生的对策，防患于未然

① 不同模式的横向展开

横向展开防止不良品再发生的对策，对防患于未然（事先采取措施）有很大好处。 防止不良品再发生对策的横向展开有四种类型：

类型 A：只适合于本次工程的特殊对策，不适合横向展开。 比如说，如果在"安装不同产品"时，不良现象发生的原因是新人铃木的操作，那么只要重新指导铃木如何区分零部件就可以了，没有必要横向对其他工序也采取同样对策。

类型 B：如果本工程为 1 工程的话，那么此对策的横向展开同样适合 2 工程。 如果不良为"气缸位置偏移"的话，采取的对策应该为：修改尺寸规格。 如果 2 工程中也使用了同样的气缸，那么 2 工程同样也需要修改尺寸，以便防患于未然。

182

表 8-3　不同防止不良品再发生对策的横向展开

类型	说明	本工程	其他责任人	其他科	其他部
A	只针对特定工程采取措施	○			
B	其他责任人也需要采取横向对策	○	○		
C	其他科也需要采取横向对策	○	○	○	
D	其他部也需要横向采取对策	○	○	○	○

—— 关　键 ——
1.横向展开有利于防患于未然
2.明确部门间的联络组织结构

表 8-4　对策内容——以横向展开为例

3M	对策内容	本工程	其他系	其他科	其他部	其他工厂
机械	专用机	○				
	通用机	○	○	○	○	○
材料	专用零部件	○				
	通用零部件	○	○	○	○	○
方法	暂定措施	○				
	新型对策	○	○	○	○	
	防患于未然的技术	○	○	○	○	○

—— 关　键 ——
1.判断机器是使用专用机还是通用机
2.判断材料是使用专用品还是通用品
3.根据对策内容判断采用什么方法

类型 C：如果本工程为 3 科的话，那么不光在 3 科，在 1、2 科同样也适用防止不良品再发生对策。比如在 3 科中发生了"加工尺寸错误"不良，其对策为改良 NC 盘。由于 1、2 科中使用了同样的 NC 盘，所以这两个工程中同样需要改良 NC 盘。

类型 D：如果本工程为第 1 生产部门的话，那么在第 2 生产部门同样需要采取相同的对策。比如说，第 1 生产部门产生了"轴承异音"的不良现象，其对策是改进设计。由于第 2 生产部门使用了同样的轴承，同样需要改进设计，防患于未然。

② "3M"与横向展开的思考方式

是否对机械与材料这些硬件方面进行横向展开，比较容易判断。关键是方法。方法的标准并不固定，需要根据不同内容判断是否进行横向展开。

8-4 活用、改进标准是打造优良品质的根本

① "标准"是管理的出发点

生产现场的日常管理流程为 S－D－C－A。不过如果认为流程走完一遍就万事大吉了是不正确的。正确的操作方法为：首先依照标准（S），指导生产，接着实施（D）然后确认（C）是否按照标准进行，如果发现与标

准的偏差就要进行再指导（A），如果标准不完备就进行修正（A）。

例如："设备开工时的检查"中，首先应该使用作为标准（S）的"开工检查表"，进行设备检查（D）。指导者根据开工检查表中所规定顺序检查固定的几个地方，然后确认（C）是否与标准有偏差，并记录结果。以此确认内容（信息）为基础，采取必要的措施（A），如果检查遇到困难时，则需改善检查方法和顺序。并把结果记录在检查表中，使得管理有据可依，变得更加易于实行。对生产现场进行管理时，最重要的是不断改进各项"标准"。

② 活用标准，提升技能

这里所谓的标准是指，生产标准以及 QC 工程表等，也包括公司内制定的各种管理规定、业务表格等。

生产现场的工作人员以制造出质量高的产品为目标，为了实现这个目标必须具备统一的标准才行。然后以标准为教材，让每个操作人员切实理解其内容，并通过实际工作提升每个人的技能水平。

为统一标准，首先应该将生产现场所有的相关标准集中到一起，让相关人员确认。然后把这些标准归纳整理为"标准表"。按照每个标准，明确管理责任者、生产现场的指导责任人、标准改订人等，在日常的生产活动中不断对标准进行指导、改进，以提高管理水平。

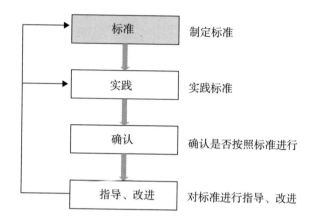

图8-1　生产现场管理流程

表8-5　标准表（例）

区分	编号	标准名称	制定日期
生产现场管理	21	流水线管理业务手册	○年○月
	22	操作人员心得指导手册	○年○月
	22	有效的教授方法4阶段教科书	○年○月
	22	跟踪指导表	○年○月
质量管理	23	不良情况反馈表	○年○月
	24	检查不良情况记录表	○年○月
	25	防止不良品再发生对策表	○年○月

8-5 使用"TT 法"提升标准

① 使用 TT 模型考虑标准的技能提升

一般说来,"标准越简单,贯彻越难"。 其实严格按照标准行事, 就和开车、操作电脑一样, 只有彻底学习、理解、体会了标准, 让身体记住了这些标准(身体记忆, 自然而然变为身体的一部分)才是王道。 那么为了达到这个目的应该怎么做呢? 可以使用第 4 章中介绍过的"TT 法"这一有利的武器。 接下来, 我们以提升"跟踪指导法"为目的, 通过"TT 法"介绍具体的推进方法。

② 设定提升目标

设定自己的技能提升目标。 首先目标指向身体记忆, 记录下跟踪指导技术的内容, 然后记录下每个技术内容想要达到理解度 10、学习度 10、体会度 10 的达成期限, 并作记录。 一般来说, 理解度为 10 的达成期限单独记录, 而学习度与体会度由于需要对理解的内容, 重复进行实践, 所以可以一起制定达成期限。

187

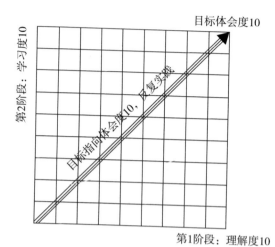

第2阶段：学习度10

目标体会度10

目标指向体会度10，反复实践

第1阶段：理解度10

图8-2 使用"TT法"提升标准（例）

表8-6 "跟踪指导"技能提升目标表

技能内容	理解度10		学习度10		体会度	
理解生产标准	6/1・6/1	10	6/10・6/12	10	6/20・6/25	10
观察生产方法	6/2・6/2	10		10		10
确认生产规格	6/3・6/3	10		10		10
确认生产技能	6/4・6/4	10		10	6/25	10
指出不恰当点	6/5・6/5	10		10	6/30	40
改善不恰当点	6/5・6/5	10	6/10・6/12	10	6/10・6/30	20

188

③ 循序渐进提升技能

在第 1 阶段，把握度为 10，基本上实施 1 次，理解度就能达到 10。 也就是说在正确理解、把握技术内容后，在实际生产中实施 1 次即可。 如果自己判断已经正确理解了技能内容，那么就在目标期限的右边记录上达成日期。

对于学习度来说，在确认的基础上一般需要反复实施 5 次，学习度才能达到 10，达成之后，需要记录下达成日期。 真正的技能提升标准是体会度为 10。 那么为了实现这一目标，就需要遵守基本操作，反复实施，并记录下达成期限。

8-6 使用矩阵表，从战略角度改善产品质量

① 什么是战略性质量改善

改善也需要"战略"。 其实"战略"这个词语定义多种多样。 在此，我们遵守如下战略三原则，进行战略思考。

第一原则：限定对象。为了减少不良率，需要集中采取对策，那么首先就要选定"不良对象"和

"不良工程"。

第二原则：集中资源。为了采取对策需要把必要的信息、人、时间集中起来，一起商议决定。

第三原则：决定实施时间。相关人员只有讨论决定对策日程安排和明确的期限，实施对策时才能更加简单易行。

实施前后都需要相关人员讨论、决定以上三原则。而具体方法则需要使用改善目标矩阵图。

② 根据矩阵图选定重点目标

一般来说，每期工程都需要首先设定质量目标，然后再设定重点目标，进行战略思考。其中"改善目标矩阵图"的使用方法如下。

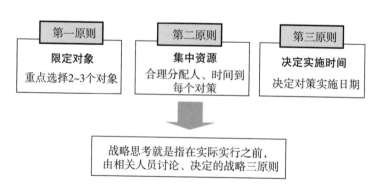

图 8-3　战略三原则

表 8-7　改善目标矩阵图

①质量目标	不良率减少 1.7%（51 件÷3.029 台）						
No.　原因＼不良	②不良内容						共计
	孔间距偏差	加工疏忽	尺寸偏差	去毛刺	材质不同	其他	
(1)　②4～9 月的实际发生件数	25 件	24 件	15 件	8 件	4 件	27 件	103 件
(2)　③讨论改善顺序	1	2	3				
(3)　④改善目标	-20 件（-0.7%）	-20 件（-0.7%）	-11 件（-0.3%）				-51 件（-1.7%）

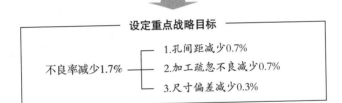

设定重点战略目标

不良率减少1.7%
1.孔间距减少0.7%
2.加工疏忽不良减少0.7%
3.尺寸偏差减少0.3%

1）确认、记录每年的质量目标。（比如：不良率减少 1.7%）

2）按照由多至少的顺序，记录前期（前半年）的不良率、不良内容（比如说：孔间距偏差不良 25 件、加工疏忽 24 件、尺寸偏差 15 件等）。

3）综合考虑最佳改善方法，然后讨论决定对策的顺序，并作记录。

4）确认不良内容，决定每个不良状况的改善目标，

191

并作记录。 ［比如：孔间距偏差减少 20 件（减少 0.7%）等］

以上是基于第一原则"限定对象"的思考方法。

8-7 活用反省原因的相关检查，集中采取对策

① 什么是反省原因

前面说过为了达成质量目标，需要选定重点目标，进行战略思考。 下一个重要的步骤是将设定的重点目标具体化。 为了达到目标，需要把减少不良现象的各种对策作为反省原因，具体整理各个实施项目，这时候可以使用矩阵图。

② 如何制作反省原因矩阵图

1）确认并记录下每期的质量目标。（比如：不良率降低 1.7% 等）

2）为了达成每期的质量目标，确定重点目标，并作记录。（比如：孔间距偏差 20 件、加工疏忽 20 件等）

3）讨论生产现场中的不良现象发生原因，决定需要反省的要因，并作记录。（比如：生产、标准的准备、指导等）

表 8-8　反省原因矩形图

质量目标		不良率减少 1.7%					
No.	重点目标 检讨要因	孔间距偏差 （-20 件）	加工疏忽 （-20 件）	尺寸偏差 （-11 件）			共计 （-51 件）
1	生产、标准的准备、指导	9 （-0.3%）	12	△			21
2	出于习惯，对改进的地方没有进行确认	6 （-0.2%）	5	4			15
3	生产、条件	△	3	△			3
4	检查结果的反馈	5 （-0.2%）	△	2			7
5	联络指示	△	△	2			2
6	看错数字	△	△	3			3
改善目标计划		20 （-0.7%）	20	11			51

表 8-9　每类不良品的"重点实施项目"总结

不良名称	重点实施项目
孔间距偏差 -0.7%	1. 生产、标准的准备、指导 2. 由于习惯没确认改进的地方 3. 检查结果反馈
加工疏忽 -0.7%	1. 生产、标准的准备、指导 2. 改善因习惯而疏忽的确认工作 3. 生产、条件的改进与指导
⋮	⋮

预测对策效果

4）相关人员讨论、确认不良状况与反省原因的关系。如有关系的话，则记为○，无关的话，则记录为△，并判断不良件数的预测效果，并作记录。如果想要达到"孔间距偏差降低0.7%"的目标，改正3点检讨原因即可。

③ 整理每种不良类别的实施项目

以上述商讨结果为基础，对每种不良内容进行归纳、整理，并请相关人员确认。具体应该按照各种不良内容和其反省原因之间是否有关联性进行归纳整理（比如：孔间距偏差的检讨原因为"生产标准的完备与指导"、"出于习惯对改进的地方没进行确认"等3个）。

如果反省原因为"彻底联络"这种含糊费解的话语时，那么就要改正为"异常状况发生时彻底进行联络和指导"这种明确具体的语言，这样才能比较容易地针对重点项目确定对策。

8-8 制定质量改善计划与进展管理

① 质量改善的管理流程

质量改善计划的管理流程为 P-D-C-A。制定计划（P），进行实施（D），确认是否按照计划实施（C），采取措施（A）保障工程按照计划进行。

改善计划是在平常繁忙的工作活动中改善质量的一

项活动。 实施的时候需要以上述战略思考为基础，商讨决定由谁、在什么时候实施。

② 如何制定改善计划

1）确定重点目标并作记录（比如：孔间距偏差率减少 0.7%）。

2）确认前项中应对不同不良种类采取的措施，并作记录（比如：是否对生产标准、指导、因习惯疏忽的确认工作等进行了改善等）。

3）确认前项中矩阵图相关度并记录下目标值（比如：通过完备生产标准和指导不良率降低了 0.3%，不确定的内容也降低了 0.2%）。

4）确定期限、责任人、实施内容、日程并作记录。相关人员共同讨论制定改善计划，改善重点项目（比如"加工疏漏"、"尺寸偏差"等）。

③ 对改善计划进行跟踪管理

为了推进计划，需要对其进展情况进行管理。 首先利用 10 分制评价法对每个实施项目的进行度、成熟度（内容的结果）进行评价。 然后以每个实施项目的 a：进行度，b：成熟度的平均值作为每个月的进展度（10 月的进展度为 $8 \times 7 = 56$）。 这个月度的进展度表示到截止日期之前的预测完成目标。 如果没有完成目标，下个月就可以采取措施尽量挽回。 这样才能把握每个月的进展度，保证尽量在期限内完成计划。

195

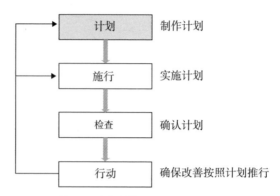

图8-4 改善的管理流程

计划	制作计划
施行	实施计划
检查	确认计划
行动	确保改善按照计划推行

表8-10 改善计划与进展管理表

重点目标项目	目标值	结果（实绩）	实现率	评价
降低孔间距偏差不良	-0.7%			

No.	重点实施项目	目标值	期限	责任人		日程表				特别事项
						10月	11月	12月	1月	
1	整备作业标准并进行指导	-0.3	12-30	山田	计划	调查 → 前讨改善方案 → 实施、确认 →				
					实绩	a 10 b 8	a 10 b 8			
2	逐渐习惯作业,改进未确认事项	-0.2	12-30	木下	计划	调查 → 前讨改善方案 → 实施、确认 →				
					实绩	a 10 b 8	a 10 b 10			
3	检查结果的反馈	-0.2	01-10	山田	计划	实施、确认 → 做成表格 → 训练确认 →				
					实绩	a 4 b 5	a 10 b 8			
	(a)日程的进展度(进展情况)					8	10			
	(b)内容的成熟度(内容的结果)					7	8			
	进展度=进行度(a)×成熟度(b)					56	80			

196

第 9 章
实现双赢——质量改善与个人成长

9-1 成果与成长双重实现的思考方式与机制

① 什么是成果与成长的双重实现

无论是谁都有权利过幸福的生活。 虽然幸福的定义因人而异，但是能享受工作的人才是最幸福的。 那么怎样才能享受工作呢？ 其中之一就是在工作中发挥，并提高自己的各项能力。

一般人都认为工作既辛苦又严格，这是因为从事与生产相关的工作的人都被交货期限、产品质量、业绩苦苦追赶。 像这种以业绩为最终结果的目标叫做单项目标。 工作虽然辛苦，但如果能有让员工感受到幸福的工作方法，那工作也会变得轻松愉快。 而这种实现幸福的工作方法同时需要以"成果"与"成长"为目标，这样的思考方法叫做双重实现。

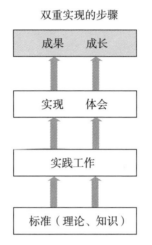

双重实现的步骤

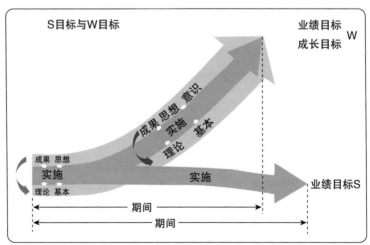

图9-1　双重实现

198

本书一直强调成果与成长的双重实现，而想要实现这个目标，就需要在充分理解标准（理论、知识）的基础上，反复进行实践，这同时也是双重实现的机制。

一般来说，生产现场以各种标准为基础进行生产活动。那么这些标准有什么不同呢？简单地说，差别在于"各种标准在质量方面的差异"。要想达到成果与成长的双重实现，需要目标直接与业绩挂钩，并根据需要制定、修改、活用标准，这也是成就优良品质的一大秘诀。

② 拥有 W 目标

成果中心型的目标叫做单项目标，同时实现成果与成长的目标叫做双重实现。随着时间的流逝，重视基础的双重实现与一般的单项目标之间的差别就会显现出来。时间证明，W（双重）实现更能提升个人的幸福度。

9-2 双重实现带给自己动力

① 什么是给自己动力

一般来说，动力都是通过上级给下级制定目标才出现的，不过千万不要忘记自己给自己动力，这样才能激

199

发对工作的热情，自发地投入工作。

为了给自己动力，首先需要重新确认"人类的需求"。根据"马斯洛的需求阶段论"，人类欲求分为五个阶段，其中第一阶段为生理性需求，第五阶段为自我实现的需求。如果能把满足自身的欲求当作动机来看的话，自己给自己动力就比较容易了。

由于人类有共同的需求，所以任何人都会有动机。只不过有的人在动机的鼓励下采取了行动，而有的人没有罢了，而产生这种区别的最主要原因是有没有目标。如果自己给自己定的目标非常有吸引力，那任何人都会行动起来。因此，明确目标非常重要。

一般说来，生产现场的目标是指业绩目标和成长目标，也就是"在降低不良率的同时需要掌握降低不良率的能力"。但实现业绩目标，只是实现了单项目标，只有实现了"业绩＋成长"，才是双重目标的实现。

② 马斯洛的需求层次论

需求层次论，是美国著名心理学家亚伯拉罕·H·马斯洛的理论。其中既包括低层次的生理欲求，也包括最高层次的自我成长、自我实现的欲求。只有确认了需求层次论，设定业绩目标与成长目标，才能自己给自己动力。

200

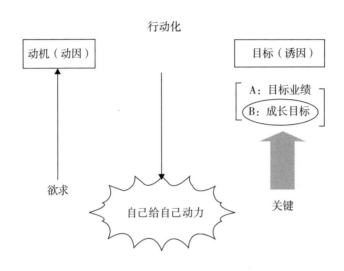

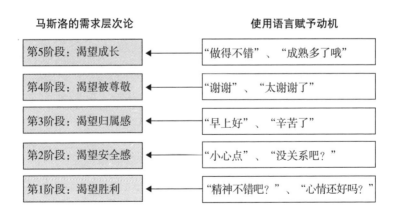

图 9-2　如何赋予动机

9-3 三大业务及其作用的扩大

① 什么是三大业务

说到业务（工作），大家一般都会想到"生产"和"销售"。 光是由红、绿、蓝三原色构成的，而业务工作也可以根据业务性质分为三类。

1）直接业务：按照生产、法律的规定无法停止的业务。

2）管理业务：比如，"遵守生产步骤与规则进行开工之前的检查"等维持性业务。 另外，在不良状况发生时，采取的防止再发生对策也是管理业务。

3）培养业务：培养自己与部下。 其实培养业务也是业务的一种，需要引起重视。 与体育运动分组一样，生产现场也由人构成，每个人的思考方式都左右着产品质量，也就是说"企业在人"、"生产在人"。

上述三种业务构成了达到成长与成果双重实现的根本点。

② 把握自己的业务步骤

在三种业务上花费的时间比率，在各个阶段是不一样的。 一般来说，指导者需要适当脱离直接业务，增加在管理业务与培养业务上花费的时间。 为此，需要指导者适当学习管理业务、培养业务的方法和技能。

202

　　而说到提高质量的业务，大家可以把本书内容作为管理业务和培养业务的标准，参照 "TT 法"，以便达到学习技能、完成目标的任务。 只有完成这三大业务，才能培养出能及时应对变化的人才，完善生产现场。

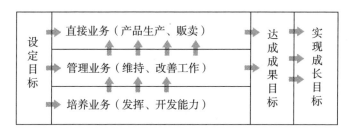

图 9-3　"三大业务"与"W 目标"

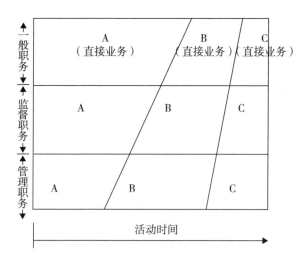

图 9-4　职位-业务-时间关联图

203

9-4　OJT"三种体验"和实践法

① OJT（On the Job Training）的对象与内容

OJT 是指通过生产现场的实际业务提升技能的方法。 一般说来 OJT 的对象为"实际业务能力"，其实"对人的能力"和"解决问题的能力"也是其对象。

OJT 的内容包括知识、技能和态度。 提高成果的关键是知识（例如具备各项标准的教科书）。 技能为输入的知识、工作中的实践（输出）、反复练习等。 态度是指提升干劲（给自己动力）。 其中需要注意的是，给自己动力也属于 OJT 的一种。

② 三大步骤培养人

OJT 从理解、体会知识开始，首先需要员工熟读并体会各项标准。 然后在现场进行反复实践，熟悉并提升技能。 最后进行自我评价，自己表扬自己，自己给自己鼓劲。 在进行 OJT 的过程中，如果有进步就对自己表扬，这样才能提高自己的成长感。

③ 具体的推进方法

首先确定目标对象，并记入 OJT 计划中。 然后根据对象能力，比如说"跟踪指导"等，具体在实践过程中进行实施。 其中尽量避免使用抽象的"管理能力"、"信息能力"等词语来预测成果。

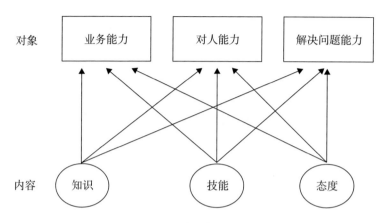

图 9-5 OJT 的对象和内容关联

表 9-1 OJT 计划（例）

对象能力		跟踪指导能力
成长目标		一般来说，基本的跟踪指导都可以完成，员工也期望得到指导
达成期限		到 2007 年 10 月 31 日为止
OJT三种体验	知识	①熟读跟踪指导手册，理解每次的实施内容 ②实施 1 次跟踪指导内容
	技能	①在生产现场进行为期 5 天，每天 2 次的实施活动 ②从前辈那里确认跟踪指导的实施状况 ③在达到目标之前，反复体会技能
	态度	①体验完知识、技能后，向上司汇报，并接受评价 ②达成目标后，发布 OJT 的成果，接受各方评价

　　然后根据对象能力设定成长目标，使用的语言尽量
通俗易懂，同时决定活动时间。

205

最后决定 OJT 的实质内容，首先需要分别确定三大步骤的内容，并作好记录。 像这样在实践的过程中，正确理解 OJT 的思考方法和实施方法，对部下的 OJT 实践也极为重要。

9-5　改善与成长双重实现的成功案例

① 根据战略三原则改善产品质量

本节中将介绍某生产厂家为了降低顾客投诉而采取的措施。 我们借用 8-6 节中讲述过的战略三原则，（在战略思考的前提下）看看如何改善产品质量。

第一原则：限定对象。 首先把投诉件数最多，最难对付的产品设定为重点对象（比如 A），而生产产品 A 的 4、5 两条生产线则设定为需要采取对策的对象。

第二原则：集中资源。 组成对策小组，小组成员包括：生产产品 A 的生产线领导、成员、有生产产品 A 经验的人员、设备责任人、质检人员等。

第三原则：决定实施时间。 与生产现场的干部商讨决定，3 月到 4 月之间，抽出 7 天为集中采取措施的时间。

② 决定产品质量目标与对策方针

虽说生产现场的目标肯定是降低顾客投诉件数，不过商品种类繁多，如果对所有商品都采取对策的话，就不可能迅速把握投诉件数的降低情况。 所以如果我们能够判断 4、5 两个生产线的不良率为整体商品不良率的典型，降低这两个生产线的不良率就能降低整体产品不良率的话，那么质量目标我们就可以设定为"把产品 A 的生产线上的不良率减半"。

为了迅速采取措施、应对投诉，我们没有把设备等硬件方面考虑进去，而是采取了"彻底防止不良品再发生"的对策方针。

③ 管理者的动机

即使决定了对策方针，如果没有应对策略的话，也不会出成果，所以需要小组全体成员学习防止不良品再发生技术，活用各类指标，不断进行实践，在实践中降低不良率。

不过实际工作上，防止不良品再发生对策不如想象般进展顺利。 原因是什么？ 调查发现，主要是由于领导干劲不足导致的。 此时需要利用"成果与成长双重实现的目标"给管理者鼓劲。 比如说："产品 A 出成果之后，您就是专家了，以后还得请您再指挥其他的生产线"等等，这样激发了领导的干劲，等待合适时机再重新开始下一轮工作。

207

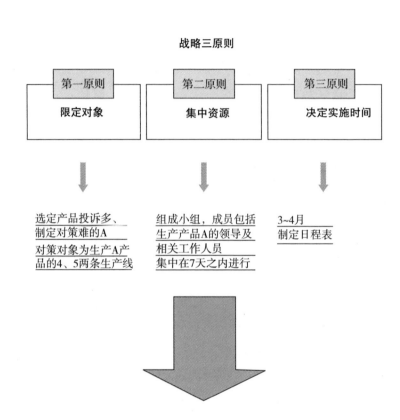

图 9-6　运用战略思想改善质量的事例

制定规则

1. 参加者　　　铃木、山田、大井、木下
2. 作　　用　　推行责任人：铃木　　　记录人：山田
3. 时　　间　　每天 17：15～17：45
4. 推进方法　　①确认当天产品检查表的结果
　　　　　　　②确认对于当天生产现场重大事实的记录
　　　　　　　③从再发性、延伸性判断①、②，从对策性不良与重大事实中选出 3 种
　　　　　　　④现场调查之后，讨论决定对策、责任人与期限

具体实施（事例）

时间	重大事实	发生原因	A 暂定措施 B 新对策	责任人	期限	确认
03-12	没有注意到原料混合比例不对，就进行工作	初次生产，由于紧张忘记确认 ↓ 缺乏指导	A 确认原料的处理方法按照规定进行 B 重新教育员工实施的重要性	山田	03-12	OK
03-14	辅助材料入库时混入异物	材料入库时，没有确认货号 ↓ 没有对注意事项等的指示	A 立即指示确认号码 B 在注意事项上标明"确认号码"这一项	木下	03-14	OK
03-15	没有对包装机器进行开工前检查	除了责任人，其他人不知道需要检查 ↓ 没有相关规定	A 指导员工对包装机器进行开工前检查，并确认检查情况 B 确定交接时的规则	大井	03-15 03-17	OK

总结成果（例）

1. 制作开工时的设备检查表
2. 决定公共设备的管理责任人
3. 制定设备保全检查表
4. 改进检查步骤书
5. 改进机械操作步骤
6. 对设备进行定期检查

图 9-7　日常讨论会的进展方法

④ 通过积累点滴成果，提高自信

管理者通过推行对策，一点点积累成果，才能增强自信。 发生不良品时所使用的检查方法，管理者与检查人员是不同的，这点大家都知道。 因此，采取对策时需要管理者与检查人员一同修正检查步骤书（各类标准）。此外，还需要检察员切实推行对策，并得到领导的认同。 只有真正活用各种技能，与生产人员一起采取合适的对策，才能够真正感受到改善效果，才能改变态度，不断想出更加合适的对策。

其实大家并不是"没有干劲"，而是"没有技术"，或者是认为"这种方法根本行不通"，所以"培养员工"也是管理者的工作之一。

⑤ 召开日常讨论会

为了达到生产目标，大家经常一起商讨对策，而且生产现场也是一片繁忙景象，可为什么总是不出成果呢？ 这时候就需要召开日常讨论会进行讨论了。 通过讨论，各个成员会感受到通过实施对策带来的进步与成果。 通过日积月累，就能感受到各种成果的积累与技能提升，达到双重实现。

之后在成果发表会上，由领导发布采取的对策及其小组商讨的重要性，并介绍关于横向开展对策的情况。

210

9-6 活用战略思考方式改善产品质量并进行管理

① 从全面到重点的思考方式

实现产品质量目标最大的敌人是全面撒网。 社长心急，大笔一挥想要降低投诉件数、降低不良率，可是从管理层开始却反对声一片："这太严格了，不可能做到。"为什么会导致这种结果呢？ 因为社长什么都想抓，以至于不能出任何结果。 所以说即使技术达标，但是时间不允许的话，想要全面改善生产现场也是不可能的。

这时候需要从战略层面进行思考，也就是"重点思考"。 限定对象，集中资源，寻找突破，个个攻克。

② 一旦实施则恐慌感消失

战略思考需要分析具体数据，重点选择 2~3 种产品，降低其不良率，然后记录在表格中，同目标一起进行确认。 这是第一战略原则。 之后决定对策的推行者、活动日期、活动期间，这是第二战略原则，也就是集中资源。 当确定了小组成员，活动期间、具体的日程、责任人、进度表也就浮现出来了，这是第三战略原则。 以上三原则，需要一边完善战略一边进行讨论。在实际推行的过程中，通过实现的结果，就能达到战略思考成果与成长的双重实现。

211

战略思考三原则

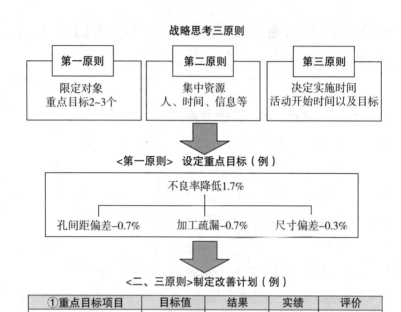

第一原则	第二原则	第三原则
限定对象 重点目标2~3个	集中资源 人、时间、信息等	决定实施时间 活动开始时间以及目标

<第一原则> 设定重点目标（例）

不良率降低1.7%

孔间距偏差−0.7%　加工疏漏−0.7%　尺寸偏差−0.3%

<二、三原则>制定改善计划（例）

①重点目标项目	目标值	结果	实绩	评价
降低孔间距偏差	−0.7%			

No.	②重点实施项目	③目标值（％）	期限	责任人		④日程表 10月 11月 12月 1月	特别事项
（1）	完备生产标准并进行指导	−0.3	12−30	山田	计划 实绩	调查 商讨改善方案 实施、确认	
（2）	改善因习惯而疏忽的确认事项	−0.2	12−30	木下	计划 实绩	调查 商讨改善方案 实施、确认	
（3）	检查结果的反馈	−0.2	01−10	山田	计划 实绩	收集信息 作成表格 训练确认	

图9-8　战略思考的推进方法

③ 在活动过程中赋予动力

小组成员决定参与战略思考时，不光要有共通认识，还需要不断提高各自的战略思考技能。 这样在活动的过程中，才能实际感受到成果与成长的双重实现，通过管理激发个人动力。 其实，在实践过程中切实感受到每个成长步骤的话，就能够更加有效地赋予个人动力。

9-7 通过选定的课题达到双重实现

① 分析数据，选定课题

5-2 节中，我们讲述了"如何选择课题"的方法，现在我们将详细讲解如何通过选定的课题达到成果与成长的双重实现。

图 9-9 是总结 3 个月内发生的 80 件"重大事实"，并分析其原因、最终数据化之后的图表。 通过观察，我们可以发现"指导不彻底"这个问题点凸显了出来。 因此，生产现场的重点课题应该设定为"强化生产指导"。

然后具体选定让所有参加者都能接受的课题。 通过数据分析，我们发现了指导上存在问题，需要及时进行整理，做成如图 9-10 与指导相关的流程图，并让指导者、生产者确认相互关联性，最后选定课题。 当大家都认可选定的课题时，才会对课题研究会的活性化以及生产现场的成果产生重大影响，因此这一环节非常重要。其实如果能够使用精确的手法选定课题，不仅学习到了选择方法，也能促进双重实现。

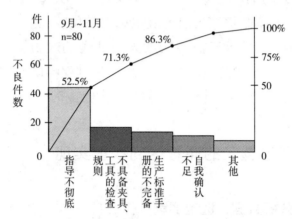

图9-9　按照原因分类的矩阵图

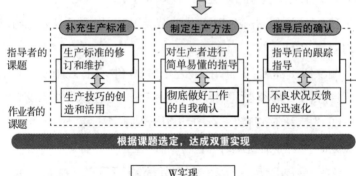

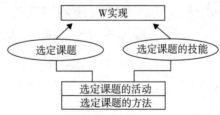

图 9-10　生产指导的课题及关联流程图

214

② 过程中每个小小的目标实现很重要

分析防止不良品再发生对策的数据，并使其数据化，然后制作流程图，对于理解每个小步骤中的实际成绩和学习、熟悉技能非常重要。 给自己动力最重要的是满足自己成长的需求，而想要满足需求，仔细品味过程中每一个微小的成果和成长非常重要。 另外，通过与同事交流、讨论，也能触动自己，获得从直接业务中所得不到的宝贵经验。 另外积极探讨生产现场存在的问题、设定课题、制定生产现场独有的标准与技能，也是非常重要的。

9-8 制定各项标准与学习课题研究

① 通过课题研究会达到双重实现

如何举行课题研究会在第 5 章中已经详细介绍过。这里将介绍如何通过课题研究会达到"制定各项标准"与"学习技能"的双重实现。 其目标不仅仅在于结果，还在于过程中提升了制定标准的能力。

② 活动过程中的每个成果与每步成长

课题研究要严格遵守 1～6 的步骤向前推进（见图

9-11）。 想要有效利用已经理解的知识，需要在活动过程中实际感受每个成果与自己的每步成长。 比如，在步骤 2 收集信息中，如果能得到宝贵的信息、从前辈那里得到宝贵的资料的话，就实现了阶段性的成果与成长，这些都需要自己有意识地去发掘。 虽然这些成果较小，但如果自己能切实感受到的话，就能一点点增加自信。

希望大家按照步骤 1~6，仔细区分活动的过程，确认每个步骤的小成果与小进步，心情愉快地进行工作，这样日积月累就能实现更大的成果与成长。 虽然我们的最终目标是达到整个过程的双重实现，不过希望大家能珍惜过程中每个小小的双重实现，顺利推进课题研究会的进行。

③ 以 TT 模型为基础

如何有效利用已掌握的知识？ 其秘诀是，利用第 4 章中讲过的"TT 法"，提升技能。 想要达到成果与成长的双重实现，没有奇迹和捷径，只有以"TT 法"为基础，每个项目都严格遵守步骤，一步步认真实施。

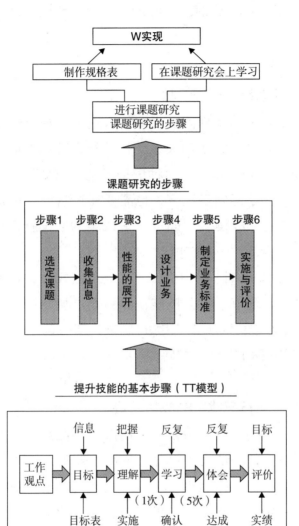

图 9-11 通过课题研究会达到双重实现

9-9 成文、成果、成长——"一石三成"的实现

① 什么是"一石三成"

实施防止不良品再发生对策、进行数据分析以及在课题研究会上制定各项关系到技能提升的标准时，肯定需要作记录（Output），这种记录就是"成文"。 另一方面，生产实绩得到了提高，也需要通过管理表格进行确认，这就是"成果"。 而成文与成果的结果就是成长。这就是所谓的"一石三成"。

"一石"是指一个质量标准。 为达成质量标准，通过"成文"理解、学习技能，然后通过揣摩技能真正掌握。 成文与成果所带来的成就感，还可以培养自信。而从自信引发的意识改革就是成长。

② "一石三成"的成功秘诀

只有通过达成质量目标才能改善产品质量，促进个人的成长，这个秘诀我们首先在此重新确认一下。 简单说来就是"工作即真理"。"理"为理论的理，具体说来是指本书中一直着重强调的各项标准（比如技术、知识之类）的管理和创造，以及其进化和发展。 正如"没有理论的实践是错误的"一样，想要达到双重实现，其秘诀之一就是要有得到大家共识的质量标准。

218

W实现

成果：不良件数推移表

（图表：4月25件 0.78%，5月15件 0.60%，6月18件 0.70%，7月17件 0.72%，8月10件 0.48%，9月18件 0.80%；维持目标0.68%，今期目标0.34%；纵轴：不良件数 件）

成长：不良对策技术目标

防止再发对策	理解度	10	学习度	10	体会度	10
选定不良	4/5·4/5	10	4/15·4/20	10	5/15·5/15	10
设立假说	4/6·4/6	10	同上·同上	10	同上·同上	10
重大事实	4/7·4/9	10	同上·同上	10	同上·同上	10
探究原因	4/7·4/9	10	同上·同上	10	同上·同上	10
暂定措施	4/8·4/10	10	同上·同上	10	同上·同上	10
新规对策	4/8·4/11	10	同上·同上	10	同上·同上	10

防止不良品再发生对策的实践

防止不良品再发生

	不良名称		不良程度	
	前部盖子有裂痕不良		4台/50台每处2~3mm	
状况	WHAT	MH型发动机	WHEN	10月24日
	WHERE	洗涤场4号机	WHO	古田
重大事实	MACHINE（机器）	MATERIAL（材料）	METHOD（方法）	
	FC盖子夹在了横向保护板中	原因	FC盖子使用过多	
发生原因	没有标准、不良	无指导、不良	技能不足 反省不足	
	没有确定FC盖子的使用数量		初次作业，领导未进行确认	

防止不良品再发生对策（例）

①选定不良品
如果判断此不良再发性高，则记录为"2W2H"
②调查状况
调查不良发生的状况，发现重大事实，并且设立假说，进行现场调查，把握重点
③调查重大事实(偏差)
按照工程"3M"，通过当地调查、观察、询问工作人员，把握实际与标准之间的偏差
④暂定对策与横向展开
由于把握"重大事实"对继续进行生产很重要，可以先采取暂定对策，如有必要就横向展开
⑤探究发生原因
利用"123法"探究重大事实的发生原因⑥决定对策方针

图9-12 "一石三成"

219

另一个就是通过实际操作，提升技能。 第一次实践时，我们理解了技术，如果在达到目标之前，能反复进行 5 次实践，就能真正掌握技术。 另外，如果想在工作中提高实际工作能力的话，就需要使用"TT 法"进行思考。

　　我们只有充分认识到"一石三成"的思考方法和实践的秘诀，并切实推进实践，才能达到改善产品质量、实现自我成长的双重目的。

第 10 章
对策的构思原点与活用重点

10-1　各种不良品对策的构思原点与活用重点

①　"没有充分利用资料"是构思的出发点

把"问题"分为 3 种性质（类型）比较有效。 这是因为问题性质（类型）不同，解决方法也不一样。 比如说，菜肴分为日式、西式、中式，其做法就各不相同。把这种思考方式应用到不良品问题上，可以把质量不良现象分为"日常性不良"、"规律性不良"、"质量不良课题"三种类型。 如此一来，应对每种不良都有其不同的对应方式，更加易于解决。（参考 1-4 节）

不同的专业书中对各种对策手法都有介绍。 不过生产现场中却缺乏各种手法的使用技巧，只是单纯地把生产任务随机分配给个人，任由他们去做，因此费尽心思学习的各种手法就成了"无用之宝物"。 所以我很害怕出现这种情况，于是就把各种不良品种类与其对策手法相结合，用通俗易懂的语言记录整理下来。

② 活用重点1：提升技能从设定目标开始

为了学习各种质量不良情况的应对方法，需要从提升技能开始。 熟知技能内容、评价自己（自己所在的生产现场）的技能水平，然后根据水平，设定技能提升的目标。 由于是在繁忙的生产任务中找时间提升技能，所以事先设定恰当的目标尤为重要。（参考4-4节）

③ 活用重点2：活用组合式方法，提高效果

"日常性不良品"对策是一项必须技能。 如果没有这一对策，就无法应对"规律性不良品"和"质量不良课题"了。 每次"日常性不良品"发生时，都要记录下具体内容，并对发生不良状况的工程进行调查，追究原因，采取必要的对策。

组合类型	对策手法
2组型	A+B
3组型	A+B+C
4组型	A+B+C+D

A：探究原因型　　　　　　B：问题化型（月）
C：问题化型（期）　　　　D：职责强化型

图10-1　组合式对策方法

有了以上这些信息，就可以实施组合式对策了。 组合方式可以分为以下 3 种类型。 大家可以根据生产现场质量的要求，采取必要的组合。

● 2 组型：如果仅采取"探究原因型"（第 3 章中的防止不良品再发生对策）难以达成质量目标的话，则可以再加上"问题化型"（每月）（1-8 节的定期讨论会），分析每月的不良信息，采取适当对策。

● 3 组型：在上述 2 组型中，再加上"问题化型"（每期）（1-9 节的选定重点不良品，8-6 节的矩阵图）。 如果单纯按照 2 组型达成目标很困难的话，就可以分析过去 3~5 个月发生的不良内容，找出问题点，采取对策。

● 4 组型：这是为了将来达到高质量目标而采取的对策活动。 在上述组合类型中再加上"职责强化型"（第 5 章课题研究会）。

10-2 "三大业务"的构思原点与活用重点

① 从"光的三原色"引发的思考

笔者曾经担任过电视生产部门的交货期、进价、质检等管理职责的工作。 当时最让我头疼的就是产品质量问题，那时候总是憧憬着生产线能降低不良率、稳定工作，这样生产台数和生产时间才能稳定，质量才能得到提高。 可是想要达到如此严格的质量目标不是一件容易

223

的事情，我经历了很多磨砺和挑战，最后得出的结论是"工程打造质量"。也就是说，只有把工程真正地充实化、稳定化，才能打造出高品质。

因为之前也在电视机的组装部门工作过，所以我从光的三原色联想到了三大业务确立的平衡性。电视画面虽然呈现白色（WHITE），其实却是由红色（RED）、绿色（GREEN）、蓝色（BLUE）这三种原色构成的。只有这三种颜色达到了平衡，才能得到漂亮的白色（自然色）。

另外，也可以把棒球强组的攻、守、跑作为构思的原点。为了打造高品质的工程，充实工程、安定工程，需要确立三大业务，以及平衡好它们之间的关系，这三大业务分别是工程设计与指导（攻）、防止不良品再发生的对策（守）和跟踪指导（跑）。

当时"攻"的业务做得不错，而"守"的业务只是流于表面的暂定措施，与真正的防止不良品再发生对策相距甚远。而"跑"这种跟踪指导任务发散性较强，推进方式的个人差异大，因此难以取得切实有效的成果。

② 活用重点 1：理解、学习每个业务的标准

拿棒球的例子进行说明，棒球选手们一个打球、一个守球、一个奔跑，尽管分工不同，却不存在只学习打球而不学习守备的队员。这是因为，攻击、防守、走垒都需要分别练习，学习不同的棒球理论、增强身体记

224

忆。 这与稳定工程的三大业务是一样的，理解每个业务
的标准，从而对"攻"、"守"、"跑"有计划地分别进行
理解和练习。

③ 活用重点2：实施必要方法，达到平衡

对"攻"、"守"、"跑"分别进行练习的成果是，磨
炼了比赛当中必要的技能，这样才能平衡每个人的三方
技能。

在生产现场中，为了达成质量目标，也需要实施
"攻"、"守"、"跑"三种策略，提升技能。 比如说，如
果在特定的工程中，发现了许多特定性不良，那么就需
要集中实施防止不良品再发生的对策（守）与跟踪指导
（跑）。 另外，在设计变更和设备改善较多的情况下，
进行工程设计和指导（攻），然后跟踪指导（跑）。 根
据生产现场状况，分别实施必要的业务，提升技能，平
衡三大业务。

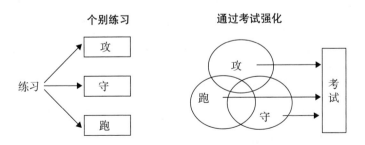

图10-2 攻、守、跑的技能提升

10-3　防止不良品再发生对策的构思原点与活用重点

① 构思源于"不良品多发"的现实

我在组装部门工作的时候，最烦恼的事情就是有太多的不良品。 一般说到"再发"，都是指第二次发生，但生产现场中发生的不良大部分为再发和持续发作的不良，新发生的不良几乎没有。 每次不良品发生的时候，大家都会采取暂定处置措施，称不上是彻底解决的措施。 当时的这种状况就是我对日常性不良品防止再发生对策的构思原点。

② 活用重点1：通过相互诊断式确认手法

说服相关人员，开展研究会，讨论防止不良品再发生的对策。 具体来说，由 5 名领导组成小组，挑出现场发生的不良现象，进行实例研究。 比如说，如果发生锡焊不良的话，5 名工作人员一起奔赴现场，观察工程，询问工作人员具体情况，大家共同思考对策，然后依次发表各自的想法，并相互评判。 最后由大家推选出最佳意见，并各自把自己的意见与最佳意见对比，找出差距。 在此之前针对同一不良现象采取的对策各不

226

相同，但没有过这种集体讨论决定最佳对策的经验，所
以这种互相确认的方式非常有效。 当时我们决定在三
个月内，每周四下午 3 点到 6 点之间实施对策，并记录
下对策内容。

通过这一活动得到的宝贵经验，我们应该充分利
用，同时还需要制作一系列手册，比如工程调查的推进
方法、探究原因的思考方法、从对策决定到确认的防止
不良品再发生对策的推进方法等。

③ 活用重点 2：战略思考提升学习技能

关于技能的学习，3 人左右组成学习小组最为有效。
首先根据战略思考，限定生产现场为观察对象。 比如，
如果是生产科的话，则把 1 科的质量目标设定为对象。
然后，通过战略思考中的"集中资源"，确定每周开展学
习小组活动的日期以及具体活动时间。

活动时，大家可以把相同的不良现象集中到一起，
这叫做"相互确认方式"。 具体来说，首先此方法的理
解度为 10。 然后遵守基本规则反复进行 5 次实践，以学
习度 10 为目标。 如果这 5 次反复实践做的很好，大家
对于技能方面的兴趣会增加，也能够给之后进行的步骤
增加灵活性。 在达到对象质量目标之前，众人齐心协
力，彻底防止不良品再发生。

227

其实，这里有节省时间的秘诀。一般来说，在发生不良现象时，亲临生产现场调查状况，并采取暂定措施，这是必须要做的。比如说，更换机械滤光器以及对其进行定期检查的再指导等。说到防止不良品再发生对策的手法，进行到把握"重大事实"这一步，基本上就可以结束了。如果能灵活使用这些信息的话，就能很容易地把握"重大事实"，从而在短时间之内推进防止不良品再发生对策的进行。

不过，从另一个方面来说，也要注意节省时间。比如，为了学习如何制定不良品再发生对策，有时我们特意去生产现场观察工程进度、询问当事人，这些其实都是不必要的，可以省去。

图 10-3　团队学习

10-4　"TT 法"构思原点与活用重点

① 研修时出现的纠纷是"TT 法"构思的原点

我在很多企业都从事过防止不良品再发生的实践研修工作。 我认为自己能构思出 TT 模型，得益于研修期间和一位管理者之间产生的纠纷。 他给大家留作业，每个月对大家进行一次跟踪指导，可当指导我的时候，他却大喝一声："别折腾我啦！"这是因为他对我反复指导说明了很多次，我却总是达不到标准要求，而他也让我反复修改了很多次，最后他失去了耐心，才有了"别折腾我啦！"这句话。

其实这时候，最难过的人是碍于情面参加研修的人，上司的指示很难灌输进这些人的耳朵里。 但多数情况下，那些最初碍于情面参加研修的人，随着时间的流逝，也会真正想做好工作，而这时候对他们失去耐心，会让他们痛苦，但同时也会让他们认识到理解基本技能的重要性。

这件事就是我开发短期内理解和学会方法的原点，而这就是"TT 法"。

另外，我在 4-1 节中也讲过每个人都有责任把工作从"非常无聊型"、"非常痛苦型"变为"非常享受型"。这种想创造让每个人在轻松愉悦心情下学习的方法也可以说是构思"TT 法"的出发点。

229

②活用重点：学会自己区分"知道"与"理解"

在繁忙的生产业务中我们也要抽出宝贵的时间进行技能学习。 而在学习、训练之前，必须理解技能学习法（"TT法"的思考方式）。 俗话说，"欲速则不达"、"光阴似箭"，当经过两三年的时间，真正理解技能学习法的时候，才会懊悔研修当时做得太不到位。 如果研修当初就能够认真传授"TT法"的思考方式的话，肯定会更早收获成果。

从这种痛苦的经验中，我们可以说"TT法"的活用关键就是如何传达"TT法"的思考方式。 其实传达"TT法"思考方式时，最可怕的是害怕学生会有"听一次就明白"的错误想法。 第一次的说明只是对"TT法"思考方式的了解，也就是"热身"。 所以希望大家不要认为听一遍就能完全明白。 而真正理解热身运动中所讲述的内容则是"跟踪指导"。

接下来为大家说明当不能完全正确把握、需要再次把握时，应该怎么做。 同时也对按照标准实施却仍有偏差时，将标准重新说明一次。 然后再次通过"热身"说明内容把握度10和实施度10，使对方理解。"热身"让你"知道"，而"跟踪指导"是真正让你"理解"，希望指导者能够理解"知道"与"理解"的差异。

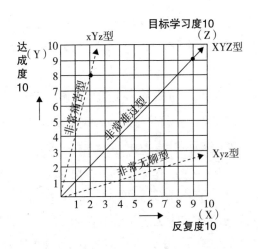

图 10-4 　TT 模型

10-5 　课题研究会　构思原点与活用重点

① "持续损失的烦恼"是构思原点

开发新产品时都有一个投入期，这时候由于组装线上机械种类转换频度增加，导致机械、材料、方法等方面不良状况频发，结果生产率下降，产品交货延期。

其实最痛苦的，是同一不良状况反复发作。 比如说测量器不能正常工作时，领导检修了测量器，可是仅仅进行修理，却不采取防止再发生对策的话，总有一天同样的状况会再次发生。 另外，工作人员如果说"零部件不够"，会从零部件仓库中取来，他认为工作仅仅是处理业务，不需要考虑损失。 的确，更换机械种类时，工作繁忙，光是处理业务就已经忙得不可开交，哪有时间采取预

231

防对策呢，因此各个生产现场这种损失不断出现。 而针对这种现状的危机感就成为成立课题研究会的出发点。

② 活用重点 1：首先确认防止再发生的方法

课题研究的第 1 阶段为防止不良品（纠纷）再发生的对策。 首先，由数名管理者组成小组。 其中最重要的是商量议定课题研究会的目的、作用、推进方法以及日期等（参考 5-1 节），防止不良品再发生的方法需要全体成员在研究会上充分理解，并达成一致。 而灵活运用方法的时候，则可以一边实践一边学习，采取较为弹性的对策。 另外，课题研究会可以根据内容，确定第 1 阶段为 3 到 5 个月的时间，每周召开 1 次，每次约为 2 小时，在课题研究会上大家可以深刻讨论防止不良再发生对策。

③ 活用重点 2：活用第 1 阶段的信息

接下来是第 2 阶段的研究课题。 主要任务是活用从第 1 阶段得到的有关防止不良品再发生的相关信息，讨论选定课题、设计职责等内容。 特别是为了理解职责之间的关联性，需要制作流程图（见图 10-5）。 通过制作流程图，大家在课题目标方面达成一致，给接下来的实践留下更多余地。 之后就要依靠管理者的热情了，主要是能否坚持对员工进行跟踪指导。 如果一边进行业务一边研究不熟悉的课题，生产人员往往会感到压力很大。 这时候就需要管理者进行个别的跟踪指导，共同克服困难。

232

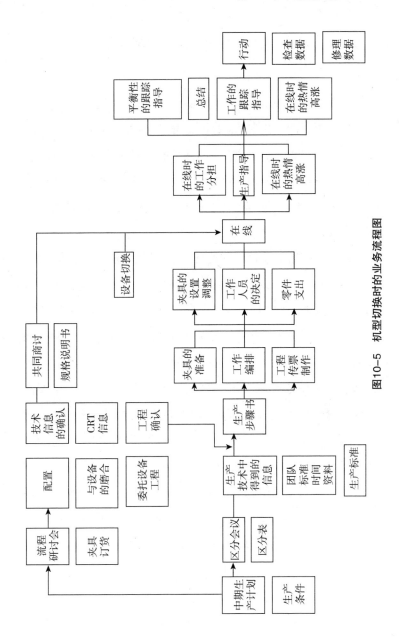

图10-5　机型切换时的业务流程图

233

10-6 防患于未然的技巧 构思原点与活用重点

① "半年一次的挑战不良品"是构思的原点

我曾经一度对汽车生产部门如何防止不良品的再发生非常感兴趣。 一家零件生产厂家的社长还拜托我："请半年来一次，指导我们所采取的防止不良品再发生对策。"

我一大早就奔向生产现场，首先对对象工程进行调查，一直站在工作人员身后仔细观察。 由于我平时认为不良品的再发生是可以防止的，所以一直观察得很认真，可没想到一上午也没有发现问题。 不过到了中午时分事态发生了变化，上午的工作人员因有事早退，接替的工作人员负责接下来的工程，他把加工完成的金属板送到下个流水线上，立刻返回岗位，接着对下一个金属板进行竖起丝锥的工作。 其实金属板总共需要竖起4处丝锥，上一个工作人员进行了3处，而这位工作人员却忘记了上一个金属板还有最后一处没有竖起丝锥。 此时，我一下子想到的是生产中断导致了工作的遗漏。

之后，我让社长集合全体工作人员，提出休息和下班时的应对方案。 当然也有人提出意见说："休息的时候也要工作吗？"不过通过对他们解释说明质量的重要性，最终得到了他们的理解与支持。

234

这件事情成为构思"防患于未然诀窍"必要性的出发点。

② 先下手为强

这是在某公司关于防止不良品再发生研究的成果发表会上。 参加研修的一共有 12 名人员，其中一名就自己生产现场的防止不良品再发生事例作了报告。 之后，社长批评其报告内容是"事后诸葛亮，不要等到不良现象出现了才采取对策，重要的是如何防止不良品的出现！"言辞很是严厉。 之后，我分析了工厂采取的对策内容，将防患于未然的技能总结为三点："防止随便更改"、"防止随便停止"、"防止随便不做"。 员工在工作的时候，一定要摒弃"随性主义"，不明白的时候立即向领导汇报、确认。 之后我向社长解释说明了利用这三点可以防止相当数量不良品的产生，他也理解了不良对策的步骤。 这件事情也是"防患于未然诀窍"的另一出发点。

③ 活用重点：分析手中的材料，总结技巧

总体检查在本生产现场中过去发生的不良内容、采取的对策、事例（记录），分析工程中发生的重大实事及其发生原因，从 70% 左右的不良现象案例中都能得出防患于未然的技巧。 而那些从记录表面看不出的信息以及

235

技巧，则可以请教有经验的人员，不断积累。 然后参考第6章的图解，整理得到的信息。 首先以部门为单位制作图解，然后部门间交换共通的技巧，最终达到全社成员共同理解的结果。 通过这样来打造公司内部防患于未然的技能。

另外，为了对"防患于未然"进行彻底指导，具体可参见图6-14"精确化技术使用体会状况图"。

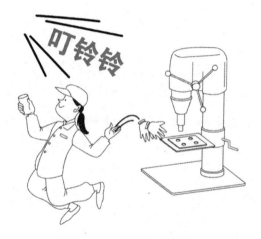

图10-6　工作中断时的提醒

10-7　跟踪指导的构思原点与活用重点

①　"在 All Work 公司的经历"是构思的原点

这是30年前的经历。 我访问了位于美国底特律与

236

福特公司有合作关系的 **All Work** 公司。 当天预定是与该
公司的监督人员进行直接面谈，可是到了约定的时间，
他们却一个也没出现。 一问才知道，他们今天去了生产
现场进行跟踪指导。 我听了很感兴趣，立刻奔赴现场去
看，监督人员们正站在工作人员身旁测定时间，根据时
间结果进行指导。 我发问："要是通过指导，工作人员
还达不到时间标准怎么办？"他们说："那就劝退，让他
们去找比我们更好的公司，去过更好的人生。"我听了此
话，深感震惊。 当时，我正在研究如何改善产品质量，
这次参观学习他们的跟踪指导方法，让我很受刺激。 这
一次的访问就成为了我产生跟踪指导思想的出发点。

② 通过现场实践，确认效果

之后，我去电视生产部门工作，在那里，我切实感
受到通过跟踪指导可以防止大多数不良品的产生，于是
我迅速向领导说明了此思考方法及具体实施方法，跟踪
指导工作也因此迅速得以展开。 跟踪指导正如在 2-4 节
中所叙述的那样，是创造品质三大业务之一。 每天 1~2
次、通过一对一的指导方式和细致的讲解答疑，迅速有
效地降低了不良率，并构筑了良好的人际关系。 因为及
时把握了工程的实际状况，也提高了不良情况发生时的
解决速度。

237

图 10-7　一对一的跟踪指导

③活用重点 1：通过跟踪指导，促进指导者的成长

跟踪指导需要一定的时间，也需要相关人员的一致认可才能实施。 另外，在工程中实施跟踪指导，其目的并不在于把握实际状况与标准之间的偏差，如果把其当成最终目的的话，那么没有偏差时，就没有实施跟踪指导的必要了。 所以跟踪指导的真正目标应该是"确认没有偏差"。 除此之外，跟踪指导的另一个重要目标是：更好地理解工程标准与工作人员的情况，从而构筑起信赖关系。 跟踪指导这些日常的小指导、小成果其实是构筑起信赖关系的不可或缺的手段。 在熟悉跟踪指导方法期间，在正确理解标准的过程中，虽然需要花费掉不少时间，可是只有这样，才能实现工程的稳定化，提高效

238

率，节约时间。

④ 活用重点 2：体验询问方式

跟踪指导中，如何询问生产现场的员工很重要。 根据观察得到的信息进行询问，是提高询问技巧的绝佳机会。

10-8 活用信息的构思原点

① 按照不良类别分析构思的出发点

为了达成质量目标，各种信息的活用必不可少。

一般来说，每次发生不良状况的时候，都需要记录在检查日报中，可是如果仅仅局限于记录，而不把它们加工成"可用信息"，就不能采取具体对策应对质量不良。 另外，虽然员工学习了应对每种不良状况的对策手法，可如果使用方法不正确的话，也会造成"好东西不会使"的局面。

大多数企业都是如此，那么如何解决这个问题呢？在第 8 章已经详细解释了可以利用"XYZ 不良类别分析表"来进行。 虽然这个表制作起来很简单，可是如果不知道如何选择适当的对策手法的话，对策活动也不能顺利进行。 针对这一问题，需要大家把记录下的信息转变为"可用信息"。 在 8-1 节中介绍的 Y 型（按照工程类

239

别分的不良件数以及按照不良现象分类的不良件数）不良，对大家达成对策的共识非常有效。

另外，这个"不良类别分析表"除了按照不同部门进行分析之外，还可以按照工程类别、机械类别、不良类别等进行分类，然后按照时间顺序分析之后，就可以作为跟踪指导时宝贵的指导信息。

② 根据数据，进行战略思考

从以往的经验来看，想要在有限的指导时间内完成成果与成长的双重实现非常困难。 不论是哪家企业，在人力资源和时间方面都有限制，在这些限制中提高工程的实际业绩，并不是件容易的事情。 而这些经验的积累也是战略想法构思的出发点。

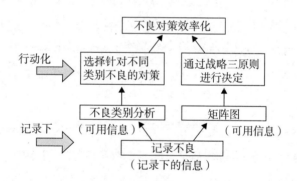

图 10-8　让记录下的信息转变为可用信息

进行战略思考时，最忌讳不分主次，没有重点。 如果将目标设定为整体部门一起（不分主次）实现不良品减半，这几乎不可能。 战略思考需要首先限定对象。

如 8-6 节的矩阵图所示，战略思考需要以数据为依据。 因此，日常记录下的不良状况及其分析，这些信息的管理就成为关键。

③ 通过标准（S）管理生产现场

多数企业和工厂都在实施防止不良品再发生的对策。 从经验来谈，不良品发生的大部分原因是广义上的标准不完备和指导不足。 虽然有些工厂为了防止不良品的发生，已经严格提醒了员工注意，或者采取了彻底的确认方法，可不良状况还是频发，这是为什么呢？ 深入调查后发现，原因是不具备标准或者指导不足。 这种生产现场的实际情况，就是重视标准（S），根据标准进行管理想法的出发点。

根据标准进行指导，才能提升管理水平。 具体做法是，首先确认各个部门现有的标准，然后制作生产现场标准表，根据它进行指导。

10-9　双重实现的构思原点与活用重点

① 新闻报道是构思的出发点

双重实现构思的出发点是什么，现在我自己也不是很清楚。 能想起来的是 1970 年时谈到的一篇关于象棋名人米长邦雄的新闻报道，是因为觉得很有意思，所以一直印象深刻。 报道内容说：门下弟子全都才华横溢，学习环境相同、学习意愿相同，可在如此相同的环境条件下，他们却有的段位高，有的段位低。 或许这段新闻记事就是我构思双重实现的出发点吧。

之后，我也在其他企业中进行过研修和销售指导工作，通过这些工作，我一直在思考着商人的学习方法，最后总结出一句话："结果主义能实现业绩，却不能实现增长，结果主义与过程主义需要共存。"由此，我产生了双重实现的想法。 这种思考方法重视工作的标准（基础）、原理、原则等方面的知识，要求员工在理解工作（实践）中的标准（基础）原理，然后在原则的基础上，进行输出（活用），这就是达到双重实现的王道学习法。

② 活用重点1：不断积累各种小的双重实现成果

构思当然重要，但熟悉自己的学习方法，达到灵活运用的地步更加重要。 为此，需要在实践过程中体会各种小的知识、实践、成果和成长。 比如说，防止不良品再发生对策就是把握工程重大事实过程中一个小小的实践。 如果能够按照标准把握住这些细微之处，就能够收获小小的成果，实现小小的成长。

因此，让员工感受到每一步小小的双重实现非常重

242

要。 通过这种日常积累，无论是管理者还是员工都能切
身体会到双重实现。

③ 活用重点 2：善于自我表扬

双重实现的思考方法及其体会是产生动机的重点。
其实想要给自己动机，没有什么特效药，但是有一个突
破口，这就是"表扬"。 表扬也有重点，比起表扬最终
的结果，表扬为结果而努力的过程更为重要。

在现在这个社会，大家都为自己的事情而奋斗。 能
被别人表扬那是再好不过了，但不要总是期待别人，自
己表扬自己是最好的方法。 自我确认、自我评价、自己
向自己汇报结果，这种自我管理也是非常有效的。

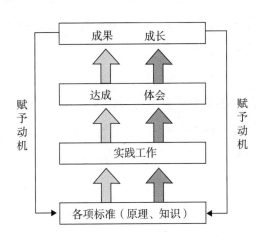

图 10-9 实现双重实现的步骤

243

10-10　关于构思原点与活用重点

① 为什么介绍构思原点

在2-4节中，我唐突地介绍了"提高质量的三项工作"，可为什么是三项工作呢？ 如果能再详细介绍其背景的话，大家理解起来会更加深刻。 因此我就以光的三原色和强队的三节拍为构思原点进行了详细介绍，也就是说如果能理解背后的思考方法的话，就能促进理解。另外，在此基础上，如果能够制作出"三项工作关系图"的话，就会真正促进实践。

另外，我还介绍说"不良品虽然频发，但新发不良品却并不多见"。 这也是我在工作实践中感受到的，相信大家或许也有同样的感受，这样就能更好地推进第3章的再发防治对策。

② 在验证成果后可以立即适用的信息

为了帮助日本的管理者们更好地开展工作，我首次公开了防止不良品再发生的对策以及技巧。 希望各个生产现场能根据实际情况进一步发展这些方法，并转换成为每个企业独有的秘诀，这样会更加易于使用，便于学习，也有利于稳固下来。

第5章中介绍的课题研究会的实施方式，也是比较独特的技能，对讨论生产现场的课题、创造独有的技

能、提升思考能力方面很有用，是今后的发展方向。 希
望大家能充分活用我介绍的方法，如果能从中提取出适
合自己公司课题研究的独有技巧的话，就会在生产活动
中更加运用自如。

第 6 章中介绍的"防患于未然"这一想法的出发点
也适用于任何生产现场，想必也能引起大家的共鸣。

③ 思考方法是基础

本书一贯注重思考方法，比如说战略三原则的思考
方法、实施课题和课题研究的思考方法、"TT 法"的思考
方法、工作观、"防患于未然"的思考方法以及双重实现
的思考方法等等。

"思考方法"相当于登山时候的下脚处，脚踩得不踏
实，就容易咕噜咕噜滚下去。 生产现场也一样，思考方
法不坚定，即使实施了也不会顺利，甚至有可能返回原
处，最终达不到想要的目标。

比如，跟踪指导时如果对业务内容一知半解，就很
可能找些借口，比如时间不够、不可能出成果等等，导
致实践半途而废。 思考方法左右着一切行动，所以需要
理解并培育思考方法。

④ 关于活用重点的介绍

本章在介绍前 9 章背景的同时，也介绍一下活用

245

重点。

　　这些重点都是通过经验和成果验证后的重要诀窍。认真实践活用重点和掌握思考方法很重要。 只有从知识层面转移到实践层面才能达到成果与成长的双重实现。通过战略思考，有重点、有计划地进行活用。 并且，要以打造顾客满意的品质和提升自身技能的双重实现为目标。 希望大家可以参考本书制定自己公司的各项标准，使之成为公司内部的 OJT 教科书。

图书在版编目（CIP）数据

不良品防止对策／（日）筱田修 著；徐莹 译. —北京：东方出版社，2011
ISBN 978-7-5060-4204-8

Ⅰ.①不… Ⅱ.①筱…②徐… Ⅲ.①企业管理：质量管理 Ⅳ.①F273.2

中国版本图书馆 CIP 数据核字（2011）第 087009 号

Zukai de wakaru Seisan no Jitsumu Furyo no Boushitaisaku by Osamu Shinoda
Copyright © Osamu Shinoda 2007
All rights reserved
Simplified Chinese translation copyright © Oriental Press. 2011
Original Japanese edition published by JMA MANAGEMENT CENTER INC.
Simplified Chinese translation rights arranged with JMA MANAGEMENT CENTER INC.
Through Nishikawa Communications Co., Ltd.

本书版权由北京汉和文化传播有限公司代理
中文简体字版专有权属东方出版社
著作权合同登记号 图字：01-2010-5836 号

不良品防止对策
（BULIANGPIN FANGZHI DUICE）

作　　者：[日] 筱田修
译　　者：徐　莹
责任编辑：崔雁行　高琛倩
出　　版：东方出版社
发　　行：人民东方出版传媒有限公司
地　　址：北京市西城区北三环中路 6 号
邮　　编：100120
印　　刷：北京市大兴县新魏印刷厂
版　　次：2011 年 7 月第 1 版
印　　次：2021 年 1 月第 8 次印刷
开　　本：880 毫米×1230 毫米　1/32
印　　张：8.25
字　　数：133 千字
书　　号：ISBN 978-7-5060-4204-8
定　　价：32.00 元
发行电话：（010）85924663　85924644　85924641